完美沟通 ＝99％ 情商 ＋1％ 内容。

高情商
沟通学

连山 / 编著

吉林文史出版社
JILIN WENSHI CHUBANSHE

图书在版编目（CIP）数据

高情商沟通学 / 连山编著 . -- 长春 : 吉林文史出
版社 , 2019.2

ISBN 978-7-5472-5835-4

Ⅰ . ①高… Ⅱ . ①连… Ⅲ . ①心理交往—通俗读物
Ⅳ . ①C912.11-49

中国版本图书馆 CIP 数据核字（2019）第 022184 号

高情商沟通学

编　　著	连　山	
出 版 人	孙建军	
责任编辑	弭　兰	张　蕊
封面设计	韩立强	
图片提供	摄图网	
出版发行	吉林文史出版社有限责任公司	
地　　址	长春市人民大街4646号	
网　　址	www.jlws.com.cn	
印　　刷	天津海德伟业印务有限公司	
开　　本	880mm×1230mm　　1/32	
印　　张	6	
字　　数	130千	
版　　次	2019年2月第1版　2019年2月第1次印刷	
定　　价	32.00元	
书　　号	978-7-5472-5835-4	

前 言

　　说话看似很简单，但是要说出有水平，容易被人理解、接受的话则不能不具备高情商。说话的根本目的在于表达和沟通，懂不懂心理学，表达和沟通的效果将大相径庭。一个会说话的人，遇见陌生人时，知道如何说话能跟对方达成一种"一见如故"的默契；和同事共事时，知道如何说话能得到大家的欢迎；拜访客户时，知道如何说话能赢得客户的心，从而决定购买自己的产品；再如跟恋人或朋友说话时，知道怎样给对方带来乐趣，加深彼此间的感情……而那些不会说话的人，笨嘴拙舌、言不达意，说出很多废话、蠢话，不能与别人进行有效的沟通，不仅会坐失良机，也很难在事业上有出人头地的发展，若出言不当还会立刻四面楚歌。真所谓"一句话能把人说得笑，一句话也能把人说得跳。"同样是说话，为什么会有如此大的区别呢？这其中的关键就在于前者在谈话时懂得运用情商，把话说到别人的心窝里，从而成功地赢得了人们的信任和喜爱，而后者却不懂得在谈话中运用情商，导致说话不得体而失去人心。可见，我们与人谈话的过程，实质是一个运用情商洞察对方心理的过程。所以，了解并掌握一些与说话有关的情商常识，是提升沟通技巧的关键。

台湾著名的成功学家林道安说："一个人不会说话，那是因为他不知道对方需要听什么样的话。假如你能像一个侦察兵一样看透对方的心理活动，你就知道说话的力量有多么巨大了！"为了帮助广大读者更好地掌握高超的说话本领，我们精心编写了这本《高情商沟通学》。本书全面系统地揭示心理学在口才技巧中的运用，比如，怎样赞美别人而不显阿谀奉承；怎样拒绝别人而不和对方交恶；怎样说好难说的话，应对尴尬场面；怎样打动别人，让别人按你说的做；怎样把话说到别人的心坎里；等等，指导读者把握好沉默的分寸，把握好说话时机、说话曲直、说话轻重和与人开玩笑的分寸，把握好调解纠纷时和激励他人时的说话分寸，懂得怎样问别人才会说、怎样说别人才会听。同时还向读者展示了同陌生人、同事、老板、客户、朋友、爱人、孩子、父母沟通的艺术，在求职面试、求人办事、谈判演讲、尴尬时刻、宴会应酬、探望病人及应酬亲友时的说话艺术。本书既阐释了在谈话中应该掌握和运用的情商法则，又更深入地阐述了我们在谈话过程中遇到难题时应该采取怎样的应对方式，并有针对性地提出了一些切实可行的方法。读者通过本书能轻松提高自己的沟通能力，在错综复杂的人际关系网络中应付自如，轻松应对生活中的各种场景，赢得友谊、爱情和事业，从而踏上辉煌的成功之路。

目录

CONTENTS

第三章　巧设玄机，瞬间看穿人心的聊天问话术

第四章　笑融僵局，用幽默化解聊天之冰

第七章　开口就要当赢家，销售如何说顾客才会理

第一章

万事开头难，5 分钟与陌生人
成为朋友的说话艺术

三言两语，给陌生人最好的第一印象

第一印象在人际交往中有着极为重要的意义，因此，我们要想方设法地给对方留下一个美好的第一印象。

当你来到一个陌生的环境，与素不相识的人初次见面，必定会给对方留下某种印象。这就是我们通常所说的"第一印象"。从第一印象所获得的主要是关于对方的表情、姿态、仪表、服饰、语言、眼神等方面的印象。它虽然零碎、肤浅，却非常重要。因为，在先入为主的心理影响下，第一印象往往能对人的认知产生关键作用。研究表明，初次见面的最初4分钟，是印象形成的关键期。

那么，怎样才能给他人留下美好的第一印象呢？从根本上说，它离不开提高自己的文明程度和修养水平，离不开进行经常的心理锻炼。心理学家提出下面几条建议：

第一，千万别表现出咄咄逼人的气势。

和陌生人第一次见面的时候，一定要表现得谦和一点儿，低调一点儿。

有一个叫李佳的年轻姑娘，她为了搞一个奥运会竞猜活动去一个企业联系赞助事宜，一进门就看到一个影视明星坐在那里。李佳跟主人没说几句，这位明星就插嘴，大发议论，结果给李佳和同去的人留下很坏的印象。

第二，尽早弄清对方的名字。

一般情况下，即将见什么人，你自己是比较清楚的。在这种情况下一定要准备好，别的可以不知道，对方的名字一定要弄清楚。我们经常在电影或者电视里看到高级领导人面对一群士兵，居然能叫出其中几个人的名字。对我们一般人来讲也是如此。如果你见到一个人，能叫出对方的名字，人家一定是非常高兴的，高兴的背后则是一种积极的印象。

第三，脸上常带微笑。

很多人都知道，眼睛是心灵的窗户；微笑的核心是眼睛，真正的微笑会通过眼睛到达心灵。发自内心的微笑不但会给他人留下美好的印象，还会让自己显得风度翩翩、魅力十足。与之相反，还有这样一种人，他们不论何时见到谁，总是面沉似水。要知道，人与人交往本是高兴的事情，谁也不愿意给自己找不痛快。如果你总是心绪不佳，那么你注定了不会给他人留下什么好印象。

第四，请用眼神沟通。

与陌生人第一次见面，特别是与异性第一次见面，千万不要老是盯着人家不放，否则很容易让人产生误解。不论是第一次见面，还是第二次、第三次，与他人面对面交谈，应该用眼神平视对方，也就是用眼神说话，这样会给对方留下十分强大的印象。

第五，杜绝无用动作。

当你与别人见面时，一定要集中注意力，不要有什么小动作。如果你一边跟别人说话，一边做着各种各样的小动作，诸如搔首弄姿、整理衣服，那说明你对别人缺少起码的尊重。如果真的有什么急事，需要打电话或者发短信，可以事先告诉对方，说一声"不好意思"。相信对方一定会理解这一点。

第六，保持积极态度。

你与人交谈时的态度是可以说明很多问题的。谈论"第一印象"的人都强调拥有正确态度的重要性，可是很少有人真正明白积极态度对一个人的第一印象意味着什么。即使在特殊的情况下，你的积极态度也会对周围的人产生良好影响的。遇事冷静而不烦躁会给你加分。如果与你说话的人自始至终保持一种积极向上的态度，那么你也会觉得好感大增、信心百倍呢。

第七，主动跟对方打招呼。

俗话说："一回生，二回熟。"对于陌生人来说，当你先开口跟对方打招呼时，也就意味着你将其置于一个较高的位置。以谦恭热情的态度去对待对方，一定能叩开交际的大门。如果你能用自信诚实的目光正视对方的眼睛，会给对方留下深刻的印象。

第八，报姓名时略加说明。

记忆术中有一种被称为"记忆联合"的方法，这是一种把一件事与其他事连在一起的记忆方法。初次见面的人利用这种方法可以加深他人对你的印象。比如你姓张，便可说："我姓张，张飞的张，不是文章的章。"这样加以说明，对方会认可你的幽默风趣，也会更容易记住你。

第九，注意自己的表情。

人心灵深处的想法都会形之于外，在表情上显露无遗。一般人在到达见面的场所时，往往只注意"领带正不正"、"头发乱不乱"等着装打扮方面的问题，却忽略了"表情"的重要性。如果你想给他人留下一个美好的第一印象，在见面之前不妨照照镜子，审慎地检查一下自己的面部表情是否跟平时不一样，如果过于紧张的话，最好先冲着镜中的自己笑一番。

在这里需要提醒的是，万事万物贵在坚持，当你真正地坚持下去时，一定会发现意外的惊喜。

制造"一见如故"的感觉

交往之始，如果话说得好就能赢得陌生人的好感，进而更容易营造"一见如故"的氛围。

良好的第一印象是叩开交际大门的门票。第一句话说得好自然会拉近你们的距离。交往中的第一句话，绝不只是可有可无的寒暄，它将决定你们整个交往的感觉以及接下来互动的方向。所以，如果你想在后面的交往过程中如鱼得水，不妨先学着说好你的第一句话。

小金是上海一家文化传媒公司的经理秘书，负责接待从北京过来担任公司短期培训顾问的袁教授。在机场初次见面简单问好之后，小金说道："袁教授您肯定不常来上海，这几天我带您到几个著名的景点去逛逛，让您看看上海的新面貌……"袁教授表情冷淡地回应："不必了，我就是上海人，当初我在上海的时候你还没出生呢。"袁教授的反应出乎小金的意料，却又在情理之中。

小金本是好意，想要在初次见面时拉近双方的距离，营造出轻松、活跃的氛围，但她的第一句话拿捏得并不恰当，她的表达并没有让袁教授感觉到应有的尊重和分寸。

试想一下，如果小金这样说，袁教授的反应还会跟之前一样吗？"袁教授，您去过不少地方，见多识广，哪个城市给您留下的印象最深刻呢？不知道您对上海的评价怎样？您一路辛苦了，这几天的活动就交给我来安排吧……"显然，如果小金能在与袁教授初次见面时，运用更妥当的表达方式，接下来的接待过程将会顺利得多。

第一次见面时，双方还只是素不相识的陌生人，因此，整个互动实际上是一个敏感而充满疑虑、试探的过程，第一句话也就显得尤为重要：这是打消对方的疑虑，增进双方信任感和安全感的关键点。卡耐基说："良好的第一印象是登堂入室的门票。"这里的第一印象，常常被理解为相貌、服饰、举止、神态，却忽略掉最重要的一点：你和对方所说的第一句话。交往中的第一句话，决不只是可有可无的寒暄。如果想在后面的交往过程中如鱼得水，不妨先学着说好你的第一句话。

怎样才能说好交往中的第一句话呢？最重要的一点当然是选择合乎时宜的内容，而这是一个动态的过程，需要结合对方的身份、年龄、偏好，以及你们之前的关系、当时所处的情境等方面综合考虑。有一些原则是通用的：首先你要带着真诚和热情开始你们的交流，你是否真心要建立起交流关系，在你开口说话之前就能通过你的眼神为对方所感知。其次是要以尊重和包容为前提，无论对方和你处于怎样的情境和关系，尊重是你开口说话时应该带有的最基本的感情基调。第三点是要带着兴趣去观察对方的特点、偏好，这有助于你有针对性地选择话题的方向。你可以考虑通过以下三种方式找出你们的第一个话题：

1. 从对方的地域找话题

一个人的口音就是一张有声的名片。我们可以从口音本身及其提供的地域引起很多话题。例如，从乡音说到地域，从地域说到他家乡的风土人情、名胜古迹等。

2. 从有关的物件中找话题

例如，客户办公室放有杂志，就可以从杂志找到话题。还有一些物品是可以作为话题，用试探的口气来问的。比如，询问对方拥有的某一产品的产地、价格等，以此为话题和对方交谈。

3. 从对方的衣着穿戴上找话题

一个人的衣着、举止在一定的程度上可以反映出人的身份、地位和气质，同样可以作为你判断并选择话题的依据。比如，你所见的人开了一辆宝马车，手上戴了一块劳力士，你就可以主动问："如果我没有猜错的话您一定是位商界中的佼佼者！"一语即出，对方会有几分吃惊地说："你真是好眼力！"紧接着，很多与企业生产，经营有关的话题就可以谈了。即使你猜错了也不要紧，因为你把他看成企业家是高看他，对方心里也会高兴，并会礼貌地说出自己的真正身份。

另外，在开始交流时充分运用你的肢体语言，也会让你收到意想不到的效果。除了说话的内容以外，在这里，我们要推荐一些关于说话时的神情、动作、语气语调的有用的准则。

运用腹腔呼吸，不要用胸腔来呼吸，这样声音才会有力；

说话时把声调放低，这样听起来平稳、和谐，也更显得性感魅力十足；

多说"我行"、"我可以"、"我能做的"、"我会做好的"之类有信心的话，你的自我感觉会变得更好，别人对你的信心也会增加；

说话时配合一些手势，眼睛看着对方，并面带微笑，这样可以增强语言的感染力。

另外，也有一些需要注意的方面，它们是在表达中绝对应该避免的：

说话吞吞吐吐，结结巴巴，总带有"嗯"、"啊"、"这个"之类的赘词；

在话语中间插入一些"你知不知道"、"我对你说"这样的话，这样便打断了话语的连贯性；

说话高声大叫，把气氛搞得很紧张；

说话像开机关枪，毫不停顿，结果弄得接不上气，搞得对方很难受；

说话时总喜欢带几个外语词，更严重的是中文外文一块儿说，让人觉得有些卖弄。

当你掌握了这些技巧后，就已经掌握了人际交往的主动权。

沟通伊始，恰当地称呼他人很重要

沟通伊始，恰当地称呼别人十分重要，一个恰当的称呼可以叫到别人的心坎里，让别人更容易接受你；而不恰当的称呼则可能让别人的心里不舒服，进而影响接下来的交往。

在社交中，称呼是必不可少的。在职场交往中，人们对称呼是否恰当十分敏感。尤其是初次交往，称呼往往影响交际的效果。有时因称呼不当会使交际双方发生感情上的障碍。不同时代、不同国家、不同地区、不同社会集团之间都有不同的称呼，但也有共同的称呼，如，太太、小姐、女士、先生。因此，你必须懂得恰当地称呼别人，这样别人才会感到舒服，进而增加双方的感情。

有一位善于交际的朋友，在很多场合他都能结识很多新人。他是怎么做的呢？他对比自己小的年轻人总是很亲切地直呼其名，并以亲如兄长般的态度赢得小弟、小妹们的尊敬与喜爱。即使在他住院期间，他也能与医务人员打成一片。他曾说："与人交往中，首先要学会恰当地称呼人，这样才能使人对你产生好印象。"

事实确实如此，就拿找人来说，你如果说："喂，总经理在哪里？"被问的人肯定不会理你。如果你礼貌地说："你好，请问王总去哪了？"那他则会很高兴地告诉你。

此外，在交往中，称呼还要合乎常规，要照顾到被称呼者的个人习惯，同时，还要注意入乡随俗。而根据场合，又可以分为工作中的称呼和生活中的称呼两种，在具体实践中各有不同。

在日常生活中，称呼应当亲切、自然、准确、合理。

在工作岗位上，人们彼此之间的称呼是有其特殊性的，应当庄重、正式、规范。

在工作中，最常用的称呼方法，就是以交往对象的职务相称，以强调其特殊身份及自己的敬意。比如："陈总（经理）"、

"王处长"等。

对于具有职称者，尤其是具有高级、中级职称者，可以在工作中直接以其职称相称，如"侯教授"、"张工（程师）"等。而以头衔作为称呼，则能增加被称呼者的权威性，更加有助于增强现场的学术气氛，如"陈博士"等。

使用称呼还要注意主次关系及年龄特点。如果对多人称呼，应以先长后幼、先上后下、先疏后亲的顺序为宜。如在宴请宾客时，一般要按女士、先生、朋友们的顺序称呼。使用称呼时还要考虑心理因素。

用客气称呼的目的是使对方感到愉快。在有些场合，如果你适当地喊出对方的名字，更会使人感到亲切愉快。

找到与对方的共同点，用话题打破交谈的"瓶颈"

在谈话的过程中，如果能够找到双方兴趣的共同点，借由共同点来进行交谈，那么你就会打破交谈的"瓶颈"，使得交谈更顺利地进行下去。

在谈话过程中，要想与对方建立起"自己人效应"，就要在与对方谈话时努力寻找共同语言、共同感兴趣的食物、共同的观点与情感等。这样，双方在心理上的共鸣，使对方产生好感与亲近感，心理距离大大缩短，也就自然能打破交谈的"瓶颈"。

一个人的心理状态、精神追求、生活爱好等，或多或少都会在他们的表情、服饰、谈吐、举止等方面有所表现，只要你善于观察，就会发现双方的共同点。

一位退伍军人乘车时同另一个陌生人相遇，位置正好在驾驶员后面。不巧的是，汽车上路后不久就抛锚了，驾驶员车上车下忙了一通还没有修好。这位陌生人建议驾驶员把油路再检查一遍，驾驶员将信将疑地去查了一遍，果然找到了故障原因。这位退伍军人感到他的这个绝活可能是从部队学来的，于是试探道："你在部队待过吧？""嗯，待了六七年。""看来咱俩还算是战友呢。你当兵时部队在哪里？"……这一对陌生人就此话题谈了起来，后来他们还成了朋友。

这就是在观察对方后，发现都当过兵这个共同点，从而成功交流的案例。当然，通过察言观色发现的东西，还要同自己的兴趣爱好相结合。否则，即使发现了共同点，也还是无话可说。

谈对方感兴趣的话题，用对方工作上的术语与之交流，让对方感觉你们志趣相投，迎合对方的喜好……这些都不是为了讨好，而是促使你与对方之间的沟通更加顺畅而已。

人与人沟通，很难在一开始就产生共鸣。当我们在做开场白时，为了说服别人，最好从对方的兴趣和精力上找到双方的共同点，并从这上面展开话题。

伽利略年轻的时候就立下雄心壮志，要在科学研究方面有所成就，他希望得到父亲的支持和帮助。他对父亲说："我想问您一件事，是什么促成了您同妈妈的婚事？""我看上她了。"父亲平静地说。伽利略又问："那您有没有想过娶别的女人？""没有，孩子，家里的人要我娶一位富有的女士，可我只钟情于你的母亲，她从前可是一位风姿绰约的姑娘。"伽利略说："您说得一点儿也没错，她现在依然风韵犹存，您不曾想过娶别的女人，因为您爱的就是她。您知道，我现在也面临着同样的处境。除了科学以外，我不可能选择别的职业，因为我喜爱的正是科学。别的对我而言毫无用途也毫无吸引力。科学是我唯一的需要，我对它的爱犹如对一位美貌女子的倾慕。"

伽利略的父亲一直反对伽利略从事科学事业，并阻挠他科学研究方面的事情。而伽利略就是用了这种与父亲找共同感受的方式，做了说服父亲的开场白，最终说动了父亲，并通过努力实现了自己的理想，成了一名伟大的科学家。

面对不太熟的异性朋友，如何开口是关键

异性之间的交往应该尽量大大方方，或是用一句"你好"，或是用一个微笑来开始相互之间的谈话。

很多人因为内向的性格，总不能主动地去交朋友。只做交往

的响应者，而不做交往的始动者，就比别人少了很多获取友情和爱情的机会。要知道，别人是没有理由无缘无故地对我们产生兴趣的。因此，要想摆脱"守株待兔"的境况，就必须学会主动与人交往。

在一个相互间并不熟悉的聚会上，你可能会发现，多数人都在等待别人主动打招呼而不敢主动与不认识的异性接触，他们也许认为这样做是最稳妥也是最容易的。而余下的一小部分人则不然，他们通常会走到陌生异性跟前，一边伸手一边自我介绍。如果你恰巧是被动的一位，这个时候你一定会像他乡遇故知一样对来者产生一种心理上的依赖，因为他是你此时此地唯一能够交谈的对象。你会自然而然地对与你对话的这位产生亲切感与好感。根本不会认为与别人主动接近是件难为情的事。所以，在与陌生或者不熟的异性交流之始，不要为"先开口"而害羞不已。你接近的人一定不会对你"先开口"的举动投来异样的眼光，反而会对你主动的态度心存感激。

通常情况下，对于陌生异性来说，第一句话是相当重要的。因此，首先要克服自卑感和怯场心理。你可以漫不经心地说一些眼前存在的事实，用声音引起对方的注意。这一切要显得自然一些，如果对方开始注意，你就可以接上话茬儿，继续谈下去了。谈话的内容不要太深入，仅作为一般的聊天即可。这个时候，最忌讳心情紧张，一旦紧张，就会导致找不到话题、语无伦次。

当两个人谈得很投机的时候，便可以进入询问阶段，从而了解对方的观点、个人情况、家庭状况等，但一定不能刨根问底。要善于察言观色，一旦触及对方隐私和禁忌的话题，要及时岔开，从而保持愉快的交谈气氛。

在交谈过程中，最忌讳一问一答的谈话方式。谈话应该是两个人思想的交流，在了解对方的同时，开诚布公地向对方亮相。这种自我介绍，从原则上要坦率、诚实。

如果在聊天的过程中彼此产生好感，交谈进入全面的、深入的了解阶段，并且能相互理解，那么就可以将话题转移到试探对方上面来，即给对方发出"信号"。这些信号多半含有爱的暗示，信号的表达最好不要太直白露骨，急于求成往往会把胆小的一方吓跑。这种信号发出，并不是立即能得到回音的，要允许对方长时间考虑，甚至在对你进行考验之后才能得出结论。

有些人总是在抱怨世界上缺少真情，缺少爱。这个世界上从不缺乏孤独的男女，他们多半是因为不敢迈出交友的第一步，在交友中总是处于被动、消极的一方。

感情自然地流露，落落大方地交往，在沟通中不失常态就是同异性交往的最基本法则。掌握了这些法则，碰见异性就不再拘谨，交往也将变得顺利得多。

要记住"二次熟人"的名字

当你一开口就叫出别人的名字时，便表现出了对他人的尊重，这有利于进一步交流沟通。

在这个复杂的世界上，没有什么比关心别人更让人感动的事情了。而关心别人的前提，是先了解别人。这是一种交往的需要，在这样做的时候，也会发展一种能力。

拿破仑便是一个很好的例子。他能叫出手下全部军官的名字。他喜欢在军营中走动，遇见某个军官时，就叫他的名字跟他打招呼，谈论这名军官参与过的某场战斗或军事调动。他经常询问士兵的家乡和家庭情况。这让每个军官都对他忠心耿耿。

善于记住别人的姓名是一种礼貌，也是一种感情投资，在人际交往中会起到意想不到的效果。

美国一家电器公司的董事长请公司的代理商和经销商吃饭，他私下让秘书按座位把每位来宾的名字依次记下。这样董事长在饭桌上与每位老板交谈时都能随口叫出他们的名字，这使得每个人都惊讶不已，生意也顺利地谈成了。

其实，世界上天生就能记住别人的名字的人并不多见，大多数人能做到这一点全靠有意培养。当你养成了这个好习惯时，你便能在人际关系和社会活动中占有很多优势。

名字对于每个人来说都有着非常重要的意义。如果你记住别人的名字，这样很可能会使他觉得自己受重视，说不定你还可以从记住一个人的名字这样的小事里把握难得的机遇。

有一所著名的学校招聘教师，要通过试讲从几名应聘者中选出一名。几名应试者都作了精心的准备。

上课的铃声响了，一个个试讲者分别微笑着走上讲台。其中，有一个试讲者为了避免满堂灌，他也效仿前面几位试讲者的做法，设计了几次课堂提问，但效果很一般。下课时，比较自己与前面几名试讲者的效果，他觉得自己会输。

可是意想不到的事情发生了，第二天他接到被录用的通知，惊喜之余，他问校长为什么选中了他。校长语重心长地对他说："说实话，论那节课的精彩程度，你还稍逊一筹，不过在课堂提问时，你叫的是学生的名字，而其他人叫他们的学号。我们怎么能录用一个不愿意去了解和尊重学生的教师呢？"

在现代社会中，人与人之间的交往日益频繁，我们经常会碰到这样的事：两个人见面，其中一个人认识另一个人，而对方却早已忘记他姓甚名谁。发生这样的情况，不礼貌倒还是小事，若是赶上紧要场合，因小失大也不是没有可能。

有些人天生记忆力好，看书、阅人均过目不忘，有些人记忆力差一些，但若把这作为不礼貌的理由，也未免有些牵强。

也许，有人会认为这是小题大做，但是不可否认的是要求被尊重、被承认是每个人发自内心的真诚愿望。当你使对方有被尊重的感觉时，你便能获得对方的好感，而你所做的也只不过是记住一个人的名字而已。

与"重要人物"见面，说话时阵脚不可乱

重要人物也是人，与重要人物见面时首先要克服羞怯畏惧的心理，说话的时候才不会自乱阵脚。

很多人都有这样的困扰——在生活或工作中遇上了名人、领导或者对自己有用的"重要人物"，心里十分想迅速接近他们，进行一场融洽的交谈，但始终找不到一个突破点，或者交流过程中总觉得非常僵硬。其实，与这些"重要人物"交流也有一定的技巧。"大人物"也是人，他们也有和平常人一样的感情世界。

所以，与这些重要人物交往，不要有羞怯畏惧的心理，只要真正表现你内心的意思，你就能与任何"重要人物"开口说话。这一点是与"重要人物"交往最基本的要领。当然，要想顺利地与这些人进行交谈，我们还需要对不同类型的"重要人物"进行了解与分析，做足准备工作。

1. 与名人说话

名人往往比寻常人有更多的成就，而且也有私人的嗜好。当你准备去拜访某位名流时，你可以预先做点儿谈话内容的准备。

遇到有名的作家、诗人、画家、音乐家等从事创作的人，我们可以准备一些他们感兴趣的话题来与他们探讨，因为这类人往往有广泛的兴趣。他们在社交场合或许不活跃，但往往也有启发人们思想的独到之处。你与他们讨论一些问题，可以让他们将独特的见解表达出来。与这些人交谈，必须耐心，不要轻易动怒，也不要太热切，要温和、冷静和体贴，就像应付任何敏感的人一样。

名气一般的名人，总是生活在情绪不稳定的状态中，内在的恐惧使他们脆弱敏感，稍有疏忽就会激怒他们，而且他们也容易傲慢。然而，他们绝对需要你的尊重和顺从。名气越小，对于亲切、尊重的需要也就越大。

对过气的名人，最好采取迂回的战术，即通过第三者来了解他。你的开场白应当是积极的。而类似于"这些日子以来你是如何打发时间的啊"，"我们很久没有见你在公众场合露面，你去哪儿了"，这些话等于当头泼他的冷水，是十分不可取的。

在多数情况下，与名人谈孩子是不会错的。从孩子入手，谈话就很好进行，但要注意话题不要扯得太远，要适可而止，更不要试图打探别人的隐私。

2. 与专业人士说话

在社交场合中，我们不宜向各种有地位的专业人士要求提供免费的建议。即使你的问法很有技巧，那也是一种冒犯。你问得再有技巧也瞒不过专业的眼睛。各界专业人士的职务便是向他们的客户出售商品。我们应该在他们营业的时候征询各种建议。

与"重要人物"说话，最基本，也是最重要的是自然和真诚。有些人看到名人、富人等大人物只是一味地说些奉承话和空话，这是不能和对方交流愉快的。面对这些"重要人物"，你大可不必紧张，所谓的"重要人物"也像普通人一样，抵不过疲倦，也承受不住伤害。

开场白贵在真诚，拒绝过度寒暄

开场白的态度很重要。真诚的开场白会在无形中拉近彼此之间的距离，而过度的、不适当的寒暄则可能引起对方的反感，拉远彼此间的距离。

在"寒暄"这个词中，"寒"是寒冷的意思，"暄"是温暖的意思，合起来，就是问寒问暖。我们进行谈话的目的是沟通情感，增加双方的交流。初次见面，或朋友很久未见难免要寒暄几句，以示礼貌和关心。寒暄是交谈的润滑剂，它能在两个人的谈话之间架起一座友谊的桥梁是人际交往中必不可少了一部分。

有时候，我们与人见面，往往陷入无话可说的尴尬场面。这时我们不妨以一些寒暄语为开头，比如"天气似乎热了点"或者

"最近忙些什么呢"等。虽然这些寒暄语大部分并不重要，然而，正是这些话才使初次见面者免于尴尬的境地。以下几种方式可供参考。

可以从天气说起。愉悦的态度会给他人留下良好的第一印象。从无关的天气谈起容易拉近两人的距离。

可以询问对方的工作进展、身体状况等。例如：这一阵工作忙吗？快毕业了吧？

可以从对方的行为谈起。例如：看到对方下班，可以问一句"下班啦"。

寒暄可以视作是交谈的准备活动，作为"暖场"出现。适当的寒暄可以帮助我们拉近彼此间的距离。寒暄不宜过长，创造出交流的气氛即可。在开场白中，我们一定要避免过度的寒暄，以免对方因过多的客套话而觉得你对他不真诚，从而拉大与你的距离。

那么，怎样寒暄才能产生积极的效果呢？寒暄并没有什么固定的模式，可视具体的交谈对象和交谈环境而定。我们可大致归纳为几点：

1. 要保持积极姿态

在与别人相遇的瞬间，要迅速培养自己的愉快情绪，要争取主动，充分体现自己的良好愿望和真诚态度，要使对方感觉到你的问候是发自内心的，要使对方从你的言行反应中感觉到自己的存在，使其受人尊重的心理需要得到完全满足。同时，积极的姿态也是富有自信、易于合作的外在体现，这有利于融洽人际关系。交谈时语调要和缓、声音要洪亮，要面带微笑。

2. 注意力要集中

在开场白中与人寒暄，要集中注意力，任何漫不经心的言行都会使对方感到被人轻视。

小刘与小乔是机关是同一科室的同事。一天，小乔夫妇逛商场巧遇小刘，小乔把丈夫小张介绍给小刘。短暂的握手介绍后，小刘本来想再谈几句以表示自己的友好态度，可小乔的丈夫却左顾右盼同小乔谈些闲话，将小刘"晾"在了一边。这使小刘感到很尴尬，心中很不愉快，觉得小张实在太没礼貌了，一下对小张失去了好感。假如小张在握手之后，再继续同小刘聊几句，小刘就不会有这种想法产生了。

3. 内容要适当

与陌生人见面后的 4 分钟内，最好作一般性的寒暄（如问候、互通姓名），谈论一些无关紧要的话题，应绝对避免使对方感到尴尬、触及对方隐痛、引发对方不愉快的回忆及易于引起争议的话题，也不可漫无边际。

小宁最近刚刚离婚，情绪很低落，下班途中遇到了同事小丽和她丈夫。小丽的丈夫在小丽介绍完小宁后脱口说道："啊，你就是刚刚离婚的那个啊，这么好的人怎么你丈夫不珍惜呢？"本来小丽的丈夫是想夸奖小宁，但初次见面就触及痛处，让对方尴尬。

寒暄的内容还要根据对方的心情而定。比如对方家里刚发生不愉快的事，你从其面部表情上就可以分析出来，因此，在此时开场白，声音就不要太大，语言不要太热情，要低八度，或用询问式的语言，同时用安慰的语气来招呼。如果对方脸上喜气洋洋，你便可热情地开场，使对方感到温暖，进而展开话题。

男士和女士见面寒暄，语言可热情一些，但要适度，不能过分开玩笑，使对方感到你太轻薄。

寒暄言语的长短、内容的繁简、往复的次数多少要与交谈双方关系的亲密程度成正比。

4.要注意场合、时间、季节

如果在公众场合经介绍结识新朋友，应有礼貌的寒暄，注意不要打扰周围的人，避免大声喧哗。过于夸张，大呼小叫，是一种无礼行为。此外，在比较正式的场合，言行举止不宜过于随便，更要注意不要用"口头语"。

在图书馆里，大家都在看书，室内很安静，有两个女青年一同走进来，迎面遇到了另一位女士，介绍结束，只听一位女士高声说："哈，原来她经常念叨的兰子就是你呀，今天才认识，你可真漂亮啊！"周围的人大都皱着眉头，投去厌恶的目光。可见这样的寒暄是多么不合适。

寒暄还要因地而异，不能千篇一律，只要稍加留意周围的环境，就可即席发挥。如在校园，可以说："您是去上课吗"，或"下课了"。在书店可以说："您也来买书吗？"还可从季节的角度来确定寒暄的内容，如："天很凉，感觉到冷吗？""您好，外面很冷吧！"这样寒暄方式让初次见面人感到热情、亲切、温暖。与众多陌生人打交道，不要只看着一位，而应面带微笑，眼睛环视大家，应带"你们""两（几）位"的字样，以免冷落其他人。

　　总之，初次见面，寒暄要适度，既要热情亲切，又不宜阿谀奉承，要做到温和有礼。这样，才能使对方乐于接近你，从而产生与你交往的愿望。

第二章

让你和别人都有面子，

聊天不能不会的场面话

想说场面话先要学会客套

客套，包含着客气、谦卑，处处显示出对别人的尊重；客套，还显示出你的平和与内敛。

客套是语言艺术中的一种。我们往往在教育孩子的时候会说"见了大人要打招呼，借了同学的橡皮要说谢谢，不小心碰倒了人家要说对不起"等，这是最基础的礼貌教育。

客套的书面文字是那么的枯涩、乏味，但是变成语言之后，却是那么的悦耳和动听。

一次，李女士去看重病中的好朋友，看到对方非常痛苦的样子，她没有说一句话。她没有说话是因为当时有许多的顾虑：说客套话吧，不能表达自己的心情；不说话吧，又被认为冷眼旁观。她太内向了。

这种"内向"要比虚情假意和口蜜腹剑的做法诚实得多。但是，由于不能充分地表达自己的内心，在他人看来一切都等于零。一个人如果连一句最普通的客套话都不会说，探望病人的时候，连一句"没事吗"都说不出口，这种人会给人一种冷酷的感觉。

所以，生活中要学会说客套话，用自己的语言表达出自己的感情，比如"没事吗"这句话，你并不是只把字面的含义说给对方，这里面，你可以加进去自己的真实感情，比如"有什么我能帮你的？""我看到你难受的样子非常难过！""没事吗？好了之后，我们一起去打保龄球。"这样，更有益于促进彼此之间的关系。

客套不是低声下气，是尊重；客套不是虚伪，是礼貌。

生活、工作，哪一样都需要语言作为纽带。人要衣装，佛要金装，语言也要靠包装。语言的魅力，在于使人心悦诚服，语言的运用，在于修养气度。

会客套的人，说出来的话叫人喜欢听、愿意听，别人也会欣然接受；不会客套的人，常常面临许多的尴尬，造成许多的误解，出现人际关系的障碍，导致自己的人脉越来越窄。

有的人说，客套多，朋友多；朋友多，好事多。这句话一点都不假。因为客套和寒暄可以帮助你认识很多朋友，缩短人与人之间的距离，从而促成两人的交往。

在生活当中，我们往往会听到如"谢谢您"、"多谢关照"、"劳驾"、"拜托"之类的客套话。这样的客套话可以向别人表示感谢，能沟通人与人的心灵，建立融洽的人际关系。在求人做事以后，应真诚地说一声"谢谢"。如果你不说一声"谢谢"，只把感激之情埋在心底，对方会有一种不快的感觉，他的劳动没有得到肯定，或认为你不懂礼貌，今后也不会再帮助你。同样，在打搅别人，给别人添麻烦时能真诚地说一声"对不起"，对方的气就会减少一半。所以，在人际关交往、求人办事的过程中，我们千万不要忽视客套的作用。

许多时候，客套就是表现出对对方的尊重、礼节和谦虚，比如有人作报告或讲话，总会说"我资质不高，研究不够，恐怕讲不好"，或者是"我讲得不好，请大家批评指正"。诸如此类的客套话，看起来是随口而出，实际上起着表达讲话者谦恭愿望的作用。

客套必须要自然，要真诚，言必由衷，富有艺术性。

小王是上海某大饭店里的服务员。著名美籍华裔舞蹈家孟先生第一次到该饭店，小王向他微笑致意："您好！欢迎您光临我们酒店。"第二次来店，小王认出他来，边行礼边说："孟先生，欢迎您再次到来，我们经理有安排，请上楼。"随即陪同孟先生上了楼。时隔数日，当孟先生第三次踏入酒店时，小王脱口而出："欢迎您又一次光临。"孟先生十分高兴地称赞小王："不呆板，不制式"。

小王之所以会受如此表扬，在于他并不是鹦鹉学舌，见客只会一声"欢迎光临"，而能根据交际情境的变化运用不同的方法，表现出他对工作的热爱和说话的艺术。

"人有礼则安，无礼则危。故曰，礼者不可不学也。"可见，人类从很早以前就开始呼唤礼仪，呼唤文明。有的人总是说，礼仪中的寒暄是人际交往的废话，其实这句话是不正确的。

在人际交往中往往少不了客套，客套会使我们彼此之间的关系更加和谐。要把"谢谢、对不起、请"常挂嘴上。请人办事，说一声"劳驾"，送客临别，讲一句"慢走"。这些都能显示出你礼貌周到、谈吐文雅。擅长外交的人们像精通交通规则一般精于客套，得体的客套同我们美好的仪容一样，是永久的荐书。以下是总结出的一些日常生活中常用的客套话：

初次见面说"久仰"，好久不见说"久违"。

请人评论说"指教"，求人原谅说"包涵"。

求人帮忙说"劳驾"，求给方便说"借光"。

麻烦别人说"打扰"，向人祝贺说"恭喜"。

请人改稿称"斧正"，请人指点用"赐教"。

求人解答用"请问"，赞人见解用"高见"。

看望别人用"拜访"，拖人办事用"拜托"。

宾客来到用"光临"，送客出门称"慢走"。

招待远客称"洗尘"，陪伴朋友用"奉陪"。

请人勿送用"留步"，欢迎购买叫"光顾"。

与客作别称"再见"，归还原物叫"奉还"。

对方来信叫"慧书"，老人年龄叫"高寿"。

得体的"致谢"会更加温暖对方的心窝，也能使你的语言更加充满魅力。得体的"道歉"是你送给对方的最廉价的礼物，也是调和可能产生紧张关系的一帖灵药……有的人往往容易把应酬、客套、寒暄甚至是聊天这些基础的交往行为看作是虚伪、庸俗和毫无意义的东西，在思想上加以排斥，在行动上加以抵制。这样的人违背了人类的某些本性，在交际上会屡屡受挫，连连吃亏。

客套并不一定是在语言上，一个眼神、一个手势，点一下头，微笑一下，或给对方送些小礼物，凡此种种，都属于客套的范畴。换句话来说，客套是一个比较宽泛的概念，客套是一种礼节，如果客套运用得好，会使你收到意外的惊喜。

日本松下电器公司的松下幸之助是个很讲客套的人。他在交托下属去执行某一件事时，会说："这件事拜托你了。"遇到员工时，他会鞠躬并说"谢谢你"、"辛苦了"之类的客套话，有时会亲自给员工斟一杯茶，或者送给员工一件小礼物。

就是因为这种客套，员工才毫无怨言地为他尽心竭力。

人类是一种感情的动物，从某种意义上说，人际关系网正是出于人类感情交流的需要。客套是温暖的，能加深对方的了解、亲切关系，增加友谊，彼此之间的关系因为客套而发生变化，心理距离也会随之缩短，感情自然有了呼应和共鸣。

在人际交往中，要想使别人怎么对你，你首先就要学会如何对待别人。客套一下，看似平常，可它却能引起人际间的良性互动，成为交际、办事成功的促进剂。

没话也要找话说，营造热络的气氛

话题是初步交谈的媒介，是深入细谈的基础，是纵情畅谈的开端。没有话题，谈话是很难顺利进行下去的。要想营造热络的气氛，没话题也要找话题。

不善言谈在交际场中很容易陷入尴尬局面。要想成为求人办事的高手，首先必须掌握没话找话的诀窍。没话找话说的关键是要善于找话题，或者根据某事引出话题。

好话题的标准是：至少有一方熟悉，能谈；大家感兴趣，爱谈；有展开探讨的余地，好谈。那么，怎么找到话题呢？

1. 众人都关心的话题

面对众多的陌生人，要选择大家关心的事件为话题，把话题对准大家的兴奋中心。这类话题是大家想谈、爱谈又能谈的，人人有话，自然能说个不停了。

2. 借用新闻或身边的材料

巧妙地以彼时、彼地、彼人的某些材料为题，借此引发交谈。有人善于借助对方的姓名、籍贯、年龄、服饰、居室等即兴引出话题，常常收到好的效果。"即兴引入"法的优点是灵活自然、就地取材，其关键是要思维敏捷，能做由此及彼的联想。

3. 提问的方式

向河水中投块石子，探明水的深浅再前进，就能有把握地过河。与陌生人交谈，先提一些"投石"式的问题，在略有了解后再有目的地交谈，便能谈得更为自如。

4. 找到共同爱好

问明陌生人的兴趣，循趣发问，能顺利地进入话题。如对方喜爱足球，便可以此为话题，谈最近的精彩赛事、某球星在场上的表现，以及中国队与外国队的差距等，都可以作为话题而引起对方的谈兴。引发话题，类似"抽线头"、"插路标"，重点在"引"，目的在导出对方的话茬儿。

5.搭上关系，由浅入深

孔子说"道不同，不相为谋"，只有志同道合，才能谈得拢。我国有许多"一见如故"的美谈。陌生人要能谈得投机，要在"故"字上做文章，变"生"为"故"。下面是变"生"为"故"的几个方法：

（1）适时切入。看准情势，不放过应当说话的机会，适时地"自我表现"，能让对方充分了解自己。

交谈是双边活动，光了解对方，不让对方了解自己，同样难以深谈。陌生人如能从你"切入"式的谈话中获取教益，双方会更亲近。

（2）借用媒介。寻找自己与陌生人之间的媒介物，以此找出共同语言，缩短双方距离。如见一位陌生人手里拿着一件什么东西，可问："这是什么？……看来你在这方面一定是个行家。正巧我有个问题想向你请教。"对别人的一切显出浓厚兴趣，通过媒介物引发表露自我，交谈也会顺利进行。

（3）留有余地。留些空缺让对方接口，使对方感到双方的心是相通的，交谈是和谐的，进而缩短距离。

有经验的记者能通过观察和分析，迅速与对方套上近乎，找到一个可以引起双方话题的共同点，打破那种不知从何谈起的场面。

一位记者去采访一位教师，行前有人说这位老师性格有点古怪，经常三言两语就把人打发了。记者到学校去找时，他正在跟传达室的人发脾气。记者一听他说话的口音是山西人，心里暗暗高兴，因为他也是山西人。后来，他们的交谈就从家乡谈起，越谈越热乎，这一段题外话也为正题做了很好的铺垫。

在交际过程中，谈话时要善于寻找话题，这样才能套上近乎。有位交际大师指出：交谈中要学会没话找话的本领。

抓准说场面话的时机

在交际场合说点场面话是非常必要的。恰到好处的场面话，可以赢得他人的欢心，从而增加彼此的感情。但是，场面话并不是说得越多越好，有时候说场面话也得注意场合。如果不分场合地说场面话，很可能给别人留下轻浮与虚伪的印象。

社会是由人组成的，人与人之间相处、交往是再正常不过的事情了。一踏入社会，应酬的机会就多了，这些应酬包括去别人家里做客、赴宴、会议，以及其他聚会等。不管你对应酬满不满意，场面话一定要讲。

什么是场面话呢？

场面话就是让主人高兴的话。既然说是场面话，可想而知就是在某个"场面"才讲的话，这种话不一定代表你内心的真实想法，也不一定合乎事实，但讲出来之后，就算主人明知你"言不由衷"，也会感到高兴。

场面话是日常交际中常见的现象之一，而说场面话也是一种应酬的技巧和生存智慧。从日常社交来看，你至少需要学会以下几种场面话。

当面赞扬他人的话。你可以称赞别人的孩子聪明可爱，称赞别人的衣服大方漂亮，称赞别人教子有方等。这种场面话所说的有的是实情，有的则与事实存在相当的差距，有时正好相反，但这种话说起来只要不太离谱，听的人十有八九都会感到高兴。

当面答应他人的话——如"我会全力帮忙的"、"这事包在我身上"、"有什么问题尽管来找我"等，这种话有时是不说不行，因为当面拒绝场面会很难堪，不时甚至会得罪人。用场面话先打发一下，能帮忙就帮忙，帮不上忙或不愿意帮忙再找理由，总之，有缓兵之计的作用。

在很多情况下，场面话我们不想说不还不行，因为不说，会对你的人际关系造成影响。

到别人家做客时，一定要感谢主人的邀请，并盛赞菜肴的精美丰盛可口，并看实际情况，称赞主人的室内布置，小孩的乖巧聪明……

赴宴时，要称赞主人选择的餐厅和菜色，当然感谢主人的邀请这一点绝不能免。

参加酒会，要称赞酒会的成功，以及你如何有"宾至如归"的感受。

参加会议，如有机会发言，要称赞会议准备得周详。

参加婚礼，除了夸奖菜色丰富之外，一定要记得称赞新郎新娘的"郎才女貌"。

生活中的"场面"当然不只以上几种，至于场面话的说法，也没有一定的标准，要视当时的情况决定。场面话切忌讲得太多，要点到为止，太多了就显得虚伪而且令人肉麻。

总而言之，场面话就是感谢加称赞，如果你能学会讲场面话，对你的人际关系必有很大的帮助，你也会成为受欢迎的人。

场面话要有情感共鸣点

场面上，要想讨得某人的欢心，使得场面更和谐，就一定要找到对方感情的突破口，只有情感上有了共鸣，场面话才能继续说下去。

日常交往并不是总在熟人间进行，有时你甚至要闯入陌生人的领地。当进入一个陌生的家庭、环境时，要迅速打开局面，首先要寻找理想的"突破口"。有了"突破口"，便可以以点带面或由此及彼地发挥开去，从而实现让对方在感情上接受你的效果。

纽约某大银行的乔·理特奉上司指示，秘密进入某家公司进行信用调查。正巧理特认识另一家大企业公司的董事长，这位董事长很清楚该公司的行政情形，理特便亲自登门拜访。

当他进入董事长室，才坐定不久，女秘书便从门口探头对董事长说：

"很抱歉，今天我没有邮票拿给您。"

"我那 12 岁的儿子正在收集邮票，所以……"董事长不好意思地向理特解释。

接着理特便开门见山地说明来意，可是董事长却含糊其词，一直不愿做正面回答。理特见此情景，只好离去，没得到一点儿收获。

不久，理特突然想起那位女秘书向董事长说的话，同时也想到他服务的银行国外科每天都有许多来自世界各地的信件那上面有各国的邮票。

第二天下午，理特又去找那位董事长，告诉他是专程替他儿子送邮票来的。董事长热诚地欢迎了他。理特把邮票交给他，他面露微笑，双手接过邮票，就像得到稀世珍宝似的自言自语："我儿子一定高兴得不得了。啊！多有价值！"

董事长和理特谈了 40 分钟有关集邮的事情，又让理特看他儿子的照片。之后，没等理特开口，他就自动地说出了理特要知道的内幕消息，足足说了一个钟头。他不但把所知道的消息都告诉了理特，又召来部下询问，还打电话请教朋友。理特没想到区区几十张邮票竟让他圆满地完成了任务。

人常说：要讨一个母亲的欢心，那就去赞扬她的孩子。找到情感共鸣，沟通自然会顺畅。

分清别人说的场面话

场面话大家都在说，但究竟哪些场面话是真的，那些场面话是虚言的应酬，我们要做到心中有数。

走入社会后很多人就会发现，虽然自己名片盒里的名片越来越多，真正无话不谈的朋友还是那么几个。绝大多数是场面上的朋友，迎来送往，无非是个"你好"加上"再见"。苦恼的是，若是真正的朋友，就算相对无语，彼此也不觉得尴尬。但场面上的朋友就不同了，毕竟从见面到分手之间的一段空白还是要去填的。善于应酬的人，也就是公认的社交高手，总能漂亮地完成使命，让彼此轻松愉悦地度过一段时间；反之，则空留尴尬的笑脸和一段难熬的时间。

一个法资公司的大老板每年环球巡游一次，听各国首席执行官们述职。当然，也顺便见一下各国雇员。只是全球数万张面孔，哪儿记得过来？于是他每年都问同样的三个问题：你是哪个大学毕业的？学的是什么专业？何时来到我们公司的？除了首席执行官们之外，公司其余的人每年要回答一次。

　　大多数员工对待这三个问题就像对待元首阅兵一样，把答案像口令一样喊出来而已，从不奢望自己能被大老板记住，除了一个信息技术工程师。他每次回答完"我的专业是建筑设计"之后，都会解释一下为何原来的建筑设计师会转行到信息技术领域。这是个漫长的故事，但大老板老是记不住，于是他连续讲了三年。第四年，当他又开始讲第四次的时候，大老板制止了他："好像有个挺长的故事是吗？无论如何，我代表公司感谢你的努力工作。"可怜的人只好把他那感人的奋斗史收了起来。

　　老板只是在客套一下，谁知他竟当了真。

　　坐上大老板的位置后，也许不用再花心思设计机灵的场面话；但下属就不同了，场面上反应机敏与否，直接关系到将来的前程。

　　一次会议的中场休息之后，许多人迟到。大老板面露愠色。大部分人默默地进来，默默地入座，空气十分凝重。只有一个中层女经理人未到，话先到："哎呀呀，卫生间的队好长啊。老板，你怎么雇了这么多女人啊！"一句话把大老板逗乐了。

　　在一个鸡尾酒会上，有个商人模样的老外过来打招呼，琳达马上放下冰橙汁，与他握手。他笑问琳达："为什么你的手冰冰的呀？"她忙着解释，朝那杯冰橙汁乱指。他马上摇头："不不不，你只需要说'但我的心是热的'就行了。"

一句话提醒了琳达。

其实他并不关心为何琳达的手是冷的，而琳达也并无义务解释为何自己的手是冷的。不过是两个陌生人找个话题混个脸熟而已，什么话开心，什么话可以博个笑脸，就讲什么话。

场面话人人都在说，但究竟所说的场面话那些是真的，那些只是基于社交的礼节虚言的应付，我们的心中要有个数，这样就不至于因为没有分清对方的场面话而造成尴尬的局面。

面对不同人有不同的场面话

不同的人所关注和喜欢的东西也会不同，面对不同的人，我们要学会说不同的场面话。只有投其所好，场面话才能引起对方的兴趣，谈话才能持续下去。

与人交谈时，如果想要达到"交谈甚欢"的境界，最常见的方法就是"投其所好"。如果想要求人办事，那就更得在说话的时候投其所好。要知道，如果你能投其所好，说的话就能深入人心。如果反其所好，只会招来对方的厌恶，甚至还会给自己带来麻烦。有个人们耳熟能详的童话故事就能说明这个道理：

有一个年轻的渔夫，一天收网的时候，发现网里有一个旧瓶子。他把瓶塞打开，突然一阵浓烈的烟雾喷出来，很快变成一个比山还大的巨魔。

这时，巨魔突然笑着说"哈哈！年轻人，你把我救出来，本来我应该感谢你的，可是，你做得太迟了，倘若你早几年把我救出来，你就可以得到一座金山啦！唉，又让我等了500年，我太不耐烦了，我已经许了恶愿，要把救我出来的那个人一口吃掉！"

那年轻人吃了一惊，但立即镇定地说："哟，这么小的一个瓶子，怎么能把你盛下呀，你一定在说谎，你再回到瓶子里让我看看吧。"

那巨魔听后，竟大笑说："哈哈哈哈，我不会上当的！《天方夜谭》早把这个古老的故事说过了，我如果再钻入瓶子里，你把塞子塞上，我不就完蛋了吗？"

"你看过《天方夜谭》？真是一个博学多才之士呀！你看过苏格拉底的哲学著作吗？"

"哼！这500年来，我躲进瓶子里，穷读天下的经典著作，苦苦修行，莫说是西方的巨著，连中国的《大学》、《中庸》、《论语》、《孟子》我都念得熟透了。"

"啊，那么《史记》你也颇有研究吧？墨子的著作也有涉猎吗？"

"别说了，经史子集无一不通！"

"不过，我想你一定没有见过《红楼梦》的手抄本，这是一部难得一见的版本呢！"

"哼！你这个小子太小觑我了，这本书的收藏者正是我呀！让我拿出来给你开开眼界吧！"

刚说完，只见巨魔立即又化作一阵浓烟，徐徐进入瓶子里。这时候，年轻的渔夫不再迟疑，连忙用瓶塞堵住了瓶子。

每个人都有可能是他兴趣所在领域的专家，激发对方的兴趣，你不仅会获得新知，有时加以利用，还能够逢凶化吉。年轻的渔夫就是利用这一点降服了巨魔。

与对方能够畅谈的原则，就是能够顺着对方的喜好，投其所好地交谈。心理学家告诉我们，对于不同类型的人要用不同的交谈方式。

1. 人际关系型

如果对方时常提到自己和某个人的关系，或是某个人和另一个人的关系，就代表他对人际关系很有兴趣。如果你让他知道你也懂得人际关系学，那么，他就会很喜欢和你谈下去。

2. 逻辑思维型

如果这个人说话有条理、很利索，而且用词精确，这种人通常喜欢有逻辑性地去思考，谈话滴水不漏。因此在对话时，你不能只是说出自己的感觉，尽量调动自己的"分析"因子，去分析事物背后的道理。

3. 情感丰富型

当你讨论到对于某个人或某件事情的想法，如果对方说出"这个人好可怜……"之类的话，代表他情感丰富，凡事凭感觉，而且好恶分明。面对这种人，不要谈理论、讲求逻辑分析，他对此可能一点兴趣也没有。

4. 艺术欣赏型

这种人喜欢谈论美术或音乐等话题，你可以和对方讨论最近最热门的商品设计或是音乐表演等，请教对方的意见，不仅让对方有一个表现的机会，你也能从中学到一些知识。

有一位学者曾说过："如果你能和任何人连续谈上 10 分钟而让对方产生兴趣，那你便是一流的说话高手。"两个陌生人初次见面，如果不能善用机会，投其所好地找出话题，说不好该说的场面话，必然不能取得交谈的成功。投其所好，谈论别人感兴趣的事物，会使人感觉受到尊重，同时也是一种深刻了解别人，并与之愉快相处的方式。

引起亲切感的场面话

对于初次见面以及了解不深的人，如何借语言消除彼此之间的陌生感，缩短隔阂，以获得信赖，是一门大学问。

借由关心对方的家人或使用流行语引起强烈的亲切感，产生"同伙意识"，别人当然乐意与你交往。自古以来，许多政治家都具有使人觉得亲切的本事。他们懂得利用人性的各项弱点，使人心悦诚服，无条件地接受领导。

河野一郎是日本一位政治家，十分懂得利用人们的微妙心理，借巧妙的场面话使人大受感动。

1959 年，他在纽约旅行时，巧遇了多年不见的好友米仓近。他乡遇故知，两人非常高兴地握手寒暄，互道近况，畅谈甚欢。各自回到旅馆之后，河野一郎立刻拨了一通国际电话给米仓近在东京的妻子："我叫河野一郎，是米仓近的老朋友，你先生在纽约一切都很好。"

米仓近的妻子感激莫名，顿时热泪盈眶。一直到后来，米仓夫妇还经常向人谈论起这件事。

人在潜意识里，总是会特别惦念自己的父母、妻子等关系亲近的人，一旦发现对方也在关心着自己关心的人，或者具有相同的关心心态，大都会产生认同感。利用这种共同的心理倾向，先使人产生亲切感，接下来，自然能够成为受人欢迎的人物。

在日常生活中，常把"令尊好"、"嫂夫人好"、"孩子们可好"等问候语挂在嘴边，必能使他人觉得备受关心，深深感动。

有位知名播音员非常受观众欢迎，经常率团到各地巡回演出。每到一个新的地方，他一定要套用一两句当地的用语，以拉近和观众之间的距离。

这些事例，都基于同一原则——赢取亲切感。借由关心对方的家人，或是使用流行语、当地的方言，可以引起强烈的亲切感，产生同属一个团体的归属意识，强调"同伴"、"同伙"的关系，别人当然乐于与你交往。此外，巧妙选择称呼对方的方式，也能够成功营造同伙意识，增加亲切感。

由于工作的关系，日本心理学家多湖辉经常和美国人往来。

在谈话当中，他发现西方人讲话时有一个共同点，就是他们习惯把对方的名字挂在嘴边，例如"谢谢您，多湖先生""多湖先生，你的英文还不太行呢。""再见了，多湖先生"等。

但是东方人多半只喊对方的官衔或职名，在交际应酬中，总是不习惯直呼名字。

两种不同的称呼方式会导致不同效果，在与人交谈时，西方人透过称呼对方的名字，能够轻易获得亲切感，进一步促进彼此之间情感的交流。

称呼别人的名字，不以官衔、地位、职位等面具的虚饰称呼，多能够缩短彼此之间的心理差距，于无形中产生亲切感，是把话说得更巧妙的有效技巧。

给别人面子就是给自己面子

场面上说话一定要给别人留情面，要知道给别人面子就等于是给自己面子，这样彼此之间才都有面子。

"人要脸，树要皮"，让你有面子的最有效方法：先给别人一点面子。

有位文化界朋友，每年都会受邀参加某单位的杂志评鉴工作。这项工作虽然报酬不多，但却是一项荣誉，很多人想参加却找不到门路，也有人只参加一两次，就再也没有机会了。有人问这位文化界人士，为何他能年年有此"殊荣"。他在年届退休，不再参加此项工作后才公开秘诀。

他说，他的专业眼光并不是关键，他的职位也不是重点，他之所以能年年被邀请，是因为他很会给面子。

他说，他在公开的评审会议上一定把握一个原则：多称赞、鼓励而少批评。但会议结束之后，他会找来杂志的编辑人员，私底下告诉他们编辑上的缺点。

因此虽然杂志有先后名次，但每个人都保住了面子。正因为他顾虑到别人的面子，因此无论是承办该项业务的人员还是各杂志的编辑人员，都很尊敬他、喜欢他，当然也就每年找他当评审了。

在现代社会中，面子是一件很重要的事。如果你是个对面子无所谓的人，那么你必定是个不受欢迎的人；如果你是个只顾自己面子，却不顾别人面子的人，那么你必定是个要吃亏的人。

人们可以吃闷亏，也可以吃明亏，但就是不能吃没有面子的亏，要在人性丛林里求生存，必须了解到这一点。这也就是很多老于世故的人不轻易在公开场合说一句批评别人的话的原因。

年轻人常犯的错误是，自以为有见解，自以为有口才，逮到机会就大发宏论，把别人批评得脸一阵红一阵白，他自己则大呼痛快。如此下去，总有一天会吃到苦头。

事实上，给人面子并不难，也无关乎道德，大家都是在人性丛林里过生活，给人面子基本上就是一种互助。

初次见面，赞美的话要说得准

对于初次见面的人，最好避免以对方的人品或性格为谈话内容，即使是赞美对方"你真是个好人"，对方也容易产生"才第一次见面，你怎么知道我是好人"的疑念及戒备心。

通常情况下，不是直接称赞对方，而是称赞与对方有关的事情，这种间接奉承在初次见面时比较有效。打个比方，如果对方是女性，她的服装和装饰品将是间接奉承的最佳对象。

唐码和不少朋友的家人都相处得很好，其中与一位夫人的友谊甚至超过和她丈夫的友谊。本来唐码只认识她的丈夫，那么他怎么成了她全家的朋友呢？起因是在与她初次见面的那次宴会上唐码随便说出的一句话。

当时，唐码被介绍给这位朋友的夫人，由于当时没有适当的话题，就顺口说了一句"你配戴的这个坠子很少见，非常特别"。唐码说这句话完全是无意的，因为他根本不懂女人的装饰品。出人意料的是，这个坠子果然很特别，只有在巴黎圣母院才买得到，这是她的心爱之物。随便说出的这句话，使夫人联想起有关坠子的种种往事，从此他们便成了好朋友。

要恰如其分地赞美别人是件很不容易的事。如果称赞不得法，反而会遭到排斥。为了让对方坦然说出心里话，必须尽早发现对方引以自豪、喜欢被人称赞的地方，然后对此大加赞美。在尚未确定对方最引以自豪之处前，最好不要胡乱称赞，以免自讨没趣。试想，一位原本已经为身材消瘦而苦恼的女性，听到别人赞美她苗条、纤细，又怎么会感到由衷的高兴呢？

赵明长得很像一位演员。每当他和朋友一起到饭店去，初次见到他的服务小姐都会对他说："你长得真像电影明星！"的确，无论是赵明的容貌还是气质都与那位演员非常相似。一般而言，说某人很像名演员，是一种恭维之词，被称赞的人通常不会不高兴。赵明的反应却不同，他听了服务小姐的奉承后，原本不喜欢开口的他，变得更加沉默了。

对于赵明的反应，服务小姐很是诧异。赵明的反应一点也不奇怪，因为服务小姐的赞美根本不得法。赵明了解自己的缺点，就是容易给人冷漠的印象，而那位电影明星在屏幕上所扮演的正是冷酷无情的角色。所以，如果说他酷似那位电影明星，这哪里是在赞美，分明是指出了赵明的缺点。

另外，从第三者口中得到的情报有时在初次见到对方时能起到重要的作用。因此，利用所得到的情报当面夸奖对方，当然也会为自己赢得主动。但是，如果你将这些情报、传言直接转述给对方，恐怕只会遭到冷遇。所以，赞美之词一定要说得准确，才能帮助你进一步开展人际关系。

第三章

巧设玄机，瞬间看穿人心
的聊天问话术

问话热身，消除冷状态

生活中，当我们与某人第一次见面时，不管有多想了解对方，一定不能忽视问话禁语的问题，要耐下心来慢慢诉说。

第一次见面，不管出于怎样的目的，总希望尽可能多地了解对方，一个又一个的问题就这样问了出来。殊不知，这样的问话方式会给对方造成不适之感，对你本就不熟悉的另一方，戒心会更重。最开始问话的一方往往觉察不到这种迹象，直到对方表现出明显的回避与提防的情形时，问话方才不得不就自己的问话作一番解释。于是疑云消散，双方的交谈才逐渐融洽。但是，如果在对话的最开始就先讲明自己询问某些事的原因，交流的效果是不是会更好呢？

小超是动漫爱好者，最近又迷上飞机模型的制作，经人介绍认识了一个叫赵彦的模型高手，两人一见面就谈了起来。

小超："听说你是这方面的行家？"

赵彦："也不算吧，只是喜欢玩而已。"

小超："你做这个多少年了？听说这行里的有些人很神秘，之前都是专门做飞机的？飞机的原理是不是很复杂？有没有什么有意思的事透露一下？"

听了小超的这几句话，赵彦的面部表情突然严峻了起来。

"你问这些干什么？我不知道。"

感到对方有明显的抵触心理，小超连忙说道：

"不好意思，我解释一下，我之所以问你飞机原理的事，是因为我最近在学着做飞机模型，我朋友没跟你说？"

赵彦摇摇头："他只说你想认识我一下，没说具体是什么原因。"

"噢，那就是我的不对了，我应该提前告诉你我那么问的原因的。除了飞机原理，我还想知道咱们国内制作飞机模型的整个状况，经费啊，材料源啊，等等，毕竟我刚接触这个，这方面的知识还非常缺乏，可以吗？"

"当然啊。你一解释我就明白了，不然一见面就问我飞机原理什么的，我以为你是间谍呢。"

"哈哈，我的错，我的错。"

小超就犯了只顾问而没有解释的错误。他的问题让对方疑虑重重，甚至因为问题的敏感怀疑他是间谍。因为有这样的想法，对方的心就会关闭得更严，而交流自然无法畅通。在这个过程中，对方还是一副戒备心，没有把小超当真正的朋友，而小超那样问，也是没读懂对方的表现。

不熟悉的人相见，认知总需要一个过程，切不可因为想急切了解某些问题而忽视了思想"互通有无"的过程。简而言之，就是让对方对你跟他对话的目的有个大概的了解，让他心中有数，他才会对你的问题予以解答。

小超从一开始就问，到后来对问话予以解释，就是感觉到了对方内心的变化：由陌生到抵触，不解释可能更加防备，这样发展下去的后果很可能是不欢而散。小超热情四溢，对方却一直是冷状态。

所以，生活中，当我们与某人第一次见面时，不管有多想了解对方，一定不能忽视问话禁语的问题，要耐下心来慢慢诉说。尤其要注意的是，在一些需要解释的问题之前作出必要的解释，跟对方说明自己这样问的意图。这样才能让他最大限度地敞开心扉说出自己的想法，你也会更加了解这个人。

锲而不舍，由浅及深问到底

人与人相遇，并不是无话可聊，而是没有找到适合双方的话题。这样的话题常常需要一个试探的过程，而要想经历这个过程，就要有锲而不舍的精神，不能因为一两次的受阻就不再问下去。问得越深、越广、范围越大，就可能找到尽可能多的谈资。

在某些沉闷的环境里，没有人愿意开口跟陌生人说一句话，那是出于一种防备心理，在这种时候，该怎么办呢？你也要一直沉闷下去吗？

假如你正坐在火车上，已经坐了很久，而前面还有很长很长的路程。你想与他人讲讲话，这是人类的群体性在作祟，而你要尽力使你的谈话显得有趣和富有刺激性。

坐在你旁边的像是一个有趣的家伙，而你颇想知道他的底细，于是你便搭讪道：

"对不起，你有火柴吗？"

可是他一句话也不讲，只是点点头，从口袋里掏出一盒火柴递给你。你点了一支烟，在还给他火柴时说了声"谢谢"，他又点了点头，然后把火柴放进了口袋里。

你继续说："真是一段又长又讨厌的旅程，你是否也有这种感觉？"

"是的，真讨厌。"

他回答着，而且语调中包含着不耐烦。

"若看看一路上的稻田，倒会使人高兴起来。在稻谷收获之前的一两个月，那一定更有趣吧？"

"唔，唔！"他含糊地答应着。

这时，如果你再也没有勇气问下去，你们的谈话就会到此为止，沉默就会继续。但如果你不再只是问一些表面问题，而是换一个稍微深入的，能引起他兴趣的话题，对方可能就不再沉默了。

"今天天气真好啊，真是适合踢球。今年秋天有好几个大学的球队都很出色，你对这件事有关注吗？"

这时，那位坐在你身旁的乘客直起身来。

"你看理工大学球队怎么样？"他问。

"理工大学球队很好，虽然有几个老将已经离队，但那几位新人都很不错，对这个球队你也关注？"

"嗯，是的，你曾听到过一个叫李小宁的队员吗？"他急着问。

或许李小宁这个人你听说过，或许没听说过。这都不是关键，关键是李小宁这个人能引发对方的谈话兴趣。你就可以顺着他的话说："他是一个强壮有力、有技巧，而且品行很好的青年。理工大学球队如果少了这位球员，恐怕实力将会大减。但是李小宁毕业了，以后这个队如何还很难说。怎么，你认识他？"

这位乘客听了这话便兴高采烈、滔滔不绝地谈了起来。

可见，人与人相遇，并不是无话可聊，而是没有找到适合双方的话题。这样的话题常常需要一个试探的过程，而要想经历这个过程，就要有锲而不舍的精神，不能因为一两次的受阻就不再问下去。问得越深、越广、范围越大，就可能找到尽可能多的谈资。挖掘到对方最感兴趣的话题，让原本陌生的两个人逐渐熟悉起来，谈话气氛也会变得融洽。

面对陌生人的时候，为了迅速打开话匣子，可熟练掌握以下几种方法：

1. 从对方的口音找话题

对方的口音可以告诉我们他大概的出生地或者居住过的地方，从此处入手，就可询问相关的风土人情、著名人物等问题，激发对方的谈话欲望。

2. 从与对方相关的物品找话题

对方携带的东西通常跟他的兴趣和爱好有关，从此处入手，更容易打开对方的话匣子。如果对方拿着一本体育杂志在看，一句"你是喜欢体育吗"，就会让双方的距离瞬间缩短很多。

3. 从对方的衣着打扮找话题

一个人的穿着常常反映他的品位，如果从他衣服的品牌开始交谈，沟通或许会更加融洽。

做足功课，提前摊牌

主动抛出问题，就会打乱对方的心理节奏，让他自乱阵脚，自己也会逐渐在对话中占据优势。

小董是一家公司的业务员，刚上班不久就被派到外地去收欠款。欠钱的是一家实力不弱的公司。临去之前，小董还特意调查了对方的资料：实力雄厚，老板为人正直。小董想，之所以钱一直要不回来可能因为是旧账的缘故，业务员换了好几个，程序都接不上了，这次他好好跟对方说说，应该没什么大问题。但是，直到他见到那个老板，小董才知道，他把事情想得太简单了。

小董："您好，您是这家公司的老板吧？我是××公司的业务员，我是为那笔旧账来的，您应该知道吧？"

那人一听，眉毛一横。

"旧账？什么旧账？我从来不欠人家什么。"

没想到对方会抵赖，小董就拿出了账单，说：

"要不您看看？我说得没有错，不然会来麻烦您吗？"

那人看都不看就把账单打到一边。

"什么账单？我不看，别浪费我时间了。"

小董一看，对方确实不好对付。不能再任由他这样下去了。他不认账，小董就主动问。

"你赖账也罢不赖账也罢。白纸黑字都在这写着呢，2005 年 20 万块钱的货是怎么回事？一个叫李明的业务员从我们公司拉了货就回来了，说过几天就给钱，这都过了多少天了？钱呢？你可能会说你们公司没这个人，告诉你吧，来之前我都打过电话核实了，人还在你们公司里，哪个部门我都知道。"

"胡扯，根本没有这事。"

"还想抵赖，2005 年 6 月份还有一笔货款没结，也说过几天。我们觉得是老客户就没追着催，这账单上都写着，上边还有你的签字和指纹，你不会说这些也是假的吧？"

"哪有签字？哪有指纹？"那人嚷着要抢账单，小董赶紧躲开了。

"来之前我已经想好了，能自己解决就自己解决，不能解决的直接跟相关部门汇报，你要是威胁我的人身安全，我就打 110，没想到我会这么做吧？还想一直赖下去吗？"

之前一直非常嚣张的欠债人听到小董要报告相关部门，突然紧张得一句话也说不出来。如果被处罚，公司的损失肯定会再大，在整个业界的声誉也会非常坏。想到这里，那人就软了下来。

　　"年轻人，不要太冲动嘛，有事好说，还用得着惊动上级领导吗？我也是小本经营啊。"

　　"既然知道做生意不容易，为什么还要为难我们？非得让我这样你才满意？"

　　"好，好，我还你们欠款，今天就办。"

　　当遇到一个蛮横的人的时候应该怎么办呢？当这个蛮横的人又恰好欠了你东西就是不还的时候，又该怎样处理？相信，这样的问题让很多人都有挠头之感。但是，他的硬是一贯为之呢还是欺软怕硬呢？

　　小董在最开始本想用和风细雨的方式让对方还钱，他想在循循善诱间让对方明白欠债应该还钱的道理。对方提一个问题自己就回答一个。渐渐地，小董察觉到对方一直在用这种方法抵赖，而他的蛮横也让小董明白软弱被人欺。他就决定主动出击，将问题在对方问出或者躲避之前一一抛出，让他没有退路。同时，在气势上压倒他。

　　直到小董说会将欠债的事上报上级领导，质问对方怕不怕，欠债方才彻底服软。先前的嚣张气焰不见了踪影，取而代之的是迎合。小董问到了对方的痛处和畏惧的地方，他当然只有"束手就擒"的份了。试想一下，如果小董不问这样一个问题，对方可能会一直抵赖下去，心理上一直保持强势状态。主动抛出问题，就会打乱对方的心理节奏，让他自乱阵脚，自己也会逐渐在对话中占据优势。

有些人的强大是装出来的，为了达到自己的私利用假面迷惑别人，外强中干。这样的人，通过外在并不能看出什么端倪，只有通过交谈，才知道他的强大到底是实还是虚。而最佳的交流方式之一，就是先将存在的问题抛出，而不是被动地接受问题。

主动抛问题代表一种强烈的寻求掌控权的思维模式，只有有了掌控权和话语权，对方的思想才能渐渐被你掌握，掌握了一个人的思想，他的心思还会无法看透吗？

求同存异，认同与被认同里的玄机

心理学上讲，人往往会因为彼此间相似的秉性或者经历走到一起，在认同和被认同的过程中，慢慢由陌生变得熟悉。

一个严冬的夜晚，两个人初次见面。

对话一：

"今天好冷啊。"

"是啊。"

"……"

"……"

对话二：

"今晚好冷！像我这种南方人，尽管在这里住了几年，但对这种天气还是难以适应，你感觉怎么样？"

"是啊，我父母虽然是北方人，但我也是从小在南方长大的，在这里还是也不适应。"

"你也是南方的？你是南方哪儿的？"

"我是南方……"

以上两段对话均来自两个陌生人初次见面的情景。在第一段对话里，两人见面说的第一段话非常普通："天很冷啊"、"是啊"。从字面上就能判断出双方的聊天能力一般。

第二段对话则不同。第一个人见面就说自己是在南方长大的，对北方这种寒冷的天气很不适应，然后又问对方感觉怎么样。对方虽不是纯正的南方人，但也是在南方长大的，因此，两个人有共同话题，你来我往间，彼此就会越来越融洽。

从第二段的话中可以分析到，尽管见面的两人一个是纯正的南方人，另一个只是从小在南方成长，父母是北方的。两者虽有差异，但主动问话者故意忽略了这种差异，只强调双方的相似性：都在南方有一段成长经历，对北方寒冷的冬季极不适应。因为有了相似的经历，话题才会越来越多。

心理学上讲，人往往会因为彼此间相似的秉性或者经历走到一起，在认同和被认同的过程中，慢慢由陌生变得熟悉。没有人希望与自己对话的那个人是个和自己没有丝毫相同点的人，那样的话，两人很难有聊得来的话题。甚至，有可能爆发矛盾冲突，这也就是第二段的问话人求同存异的原因。

因为有了相同的地方，第一次见面的两个人才会渐渐有亲切感，慢慢放下戒备的心。除此，消除陌生感的方式还有以下几种：

1. 攀认式

赤壁之战中，鲁肃见诸葛亮的第一句话是："我，子瑜友也。"子瑜，就是诸葛亮的哥哥诸葛瑾，他是鲁肃的挚友。短短的一句话就定下了鲁肃跟诸葛亮之间的交情。其实，任何两个人，只要彼此留意，就不难发现双方有着这样或那样的"亲"、"友"关系。

例如，"你是××大学毕业生？我也在××进修过两年啊。你还记得××吗？"

"你来自苏州？我出生在无锡，两地近在咫尺，今天得好好聊聊！走，有没有兴趣喝一杯？"

2. 敬慕式

对初次见面者表示敬重、仰慕，这是热情有礼的表现。用这种方式必须注意：要掌握分寸，恰到好处，不能胡乱吹捧，不要说"久闻大名，如雷贯耳"之类的过头话。表示敬慕的内容也应该因时、因地而异。

留心关键，反复提问

　　两个人初次见面的时候，不管对方有着怎样的身份和地位，也不管他将自己说得多么悲惨，切不可偏听偏信，而是要留意对方话里的关键因素，用一种不得结果不罢休的态度问下去，多问几遍，或许真的能问出不一样的内心，而这些内容才真的可能带你走进对方的心里。

　　一位面容忧郁的太太走进一家心理诊所，还没完全落座就对心理医生说：

　　"医生，快帮帮我吧，我不知该如何是好了，我就要精神崩溃了。"

　　"太太，你怎么了，你看起来确实不怎么样。"

　　"我先生每天都很晚才回家，回家也不理我，问他做什么去了他说是加班，但我有时闻到他身上有香水味，加班还用喷香水？我怀疑他背着我做了什么见不得人的事。"

　　"你说'你怀疑'？"

　　"是，我怀疑。他每天都这样，我已经受不了了。"

　　"但是你确定吗？"

　　"医生，是女人的直觉，女人的直觉你懂吗？而且在男女双方之间，只有男人可以有外遇，可以拈花惹草，女人却不行。"

"你说'只有男人'可以？我好像听出了别的什么意思，你能解释一下吗？"

"这很好理解啊，男人什么事做不出来？在以前，大家都觉得男人在外边找女人很风光，但现在不一样了，男女平等嘛。"

"你的意思是女人现在可以和男人一样有外遇了？"

"我不是那个意思，那可能是气话。我只是想表达，我先生瞒着我做这种事让我很生气，我无法容忍！"

"你是说如果你先生告诉你这件事，你就会允许他这么做了是不是？而为了表达你男女平等的观念，你也会找别的男人是不是？"

那位太太还想否认，但看到医生坚定的眼神，也只好不情愿地承认了。

故事中的太太和心理医生是第一次见面，太太是抱着埋怨、发泄不满的情绪，却没想到，最后竟然被医生逼问出令人惊讶的不易察觉的真实意图。他是怎么做到的：只抓对方话里的关键点，着重提问，就可看出对方的端倪。

最开始，医生也不知道对方的真实意图是什么，但是当他听到"我怀疑"、"只有男人"等字眼时，他就马上意识到，这是个有企图心的女人。"我怀疑"反映出她主观性比较强，只会去臆想，"只有男人"则似乎透着某种"醋意"：只有男人可以，我们为什么不行？

这句话应该是那位太太的潜台词，她没敢说出来是因为，她是抱着让医生出几条对付丈夫的对策的心理来的，根本没想到自己会出问题。她可以刻意掩藏自己的心意，在对话中却不能做到完全的没有瑕疵，不露马脚。医生正是利用了这一点，抓住了对方话里仅有的一些迹象大加追问，终于逼出了她的心里话：丈夫有外遇，我也要有外遇。

不管这是生气时的思想还是蓄谋已久的想法，归根结底被医生问了个正着。女人的心态也由此发生了极大的变化：开始的怨恨、受委屈到后来被点破真实意图后的愧疚和不安。试想一下，如果医生在整个谈话过程中没有抓住对方话里的关键点追问不止，而是顺着她的话听下去，问下去，对方的真实意图还能被挖出来吗？结果很可能就是否定的了。

这给我们一个提醒：两个人初次见面的时候，不管对方有着怎样的身份和地位，也不管他将自己说得多么悲惨，切不可偏听偏信，而是要留意对方话里的关键因素，用一种不得结果不罢休的态度问下去，多问几遍，或许真的能问出不一样的内心，而这些内容才真的可能带你走进对方的心里。

巧嘴问话，说服别人为你办事。

头脑博弈，策略性问题揣测端倪

想明白消费者的心意，就要学会用多种途径发掘出对方的真实需求，策略性问题就是方式之一。

作为一名销售人员，向顾客介绍产品的时候，不能一味地按照对方的需求去说。因为对方说出的需求有时并非出于真心或者自愿，这个时候，就需要有心的销售人员用策略性问题打探出他的真实想法，把握住对方的真心，才能提供给他真正需要的产品。

李毅是一家公司的推销员，他在接到一家企业的订购需求后前去拜访，刘小姐接待了他。

李毅："您好，是您打电话说要订购一台传真机吗？"

刘小姐："是的，公司需要，所以想要一台。"

李毅："您需要什么型号的？或者以前用的是什么型号？"

刘小姐："以前没有用过，这是第一次买，明白我的意思吗？"

李毅："噢，不好意思，我能问一下您为什么不通过电子邮件等方式发送文件呢？"

刘小姐："接收公司邮件的公司大部分都是老资格的企业，他们的经营理念和办事风格虽不能说墨守成规，却也真的有些老旧了，但有什么办法呢？他们是我们的上帝，我们有责任满足对方的需求。而且买传真机的事是经过几个同事商量后得出的结论，买就买吧。"

李毅："但是，我看得出来，您并不是非常情愿，是更倾向于用电子邮件等方式发送文件吗？"

刘小姐："谁说不是呢？我也想过了，发传真也不是经常的事，只是有时忙了发一些，接收传真的第一人也不是老板而是文秘。唉，但是没办法，都已经这么定了，你还是给我介绍一下产品的具体情况吧。"

李毅："刘小姐，既然买传真机的事情不是对方要求您办的，我看也不必非得买。您不妨试试其他的产品？"

刘小姐："你是指什么？"

李毅拿出一套电脑传真软件说："这是一套电脑传真软件。它的优势是自动安装，传送文件准确率高，速度快。价钱还非常便宜，您不妨试试这个。"

刘小姐："哦，是吗？那你给我详细介绍一下吧。"

李毅本以为刘小姐是想订购一台传真机的，但通过交谈得知，对方的真实想法是：我并不十分喜欢传真机，我更倾向于其他新型的传输方法。从这样的想法可以看出：对方需要的只是一种能传文件的工具，传真机只是有些口是心非的表达。那么，李毅是怎么发现这点的呢？首先，他就传真机的问题询问刘小姐，发现对方并不十分精通而且似乎不喜欢回答相关问题，当他询问其他更便捷的传输方式时，刘小姐的精神状态马上好了许多。李毅就马上断定，对方的真实需求跟她刚才的表达有误差，而这种误差如果不去试探性地询问，就不会发现。同时，李毅运用了新旧两种产品的对比法：传真机并不合适您，电脑传真软件更快捷和便宜，两者一对比，进一步把顾客的真实需求挖掘出来。提供给对方的需求才能真正符合对方的心意。

在产品销售的过程中，最让消费者满意的产品不一定是质量最好，外观最漂亮的，却一定是最合消费者心意的。想明白消费者的心意，就要学会用多种途径发掘出对方的真实需求，策略性问题就是方式之一。

策略性问题不是故意套对方的话，而是为了给其提供最满意的需求而采取的一种问话措施，掌握这种问话方式，就能更主动地把握消费者的心理和销售时的主动权。为对方提供最急需、最合适的产品，他还会拒绝你吗？

看透对方心理，掌握谈话主动权

让步不是无谓的退缩，而是在谋划周全后，为了争取最大的利益而做出的举动。

在谈判中，一味地用和气、温柔的语调讲话，一个劲地谦虚、客气、退让，有时并不能让对方信赖、尊敬以及让步，反而会使一些人误以为你必须依附于他，或认为你是个软弱的谈判对手，可以在你身上获得更多更大的利益。

相反，如果一开始就以较强硬的态度出现，从面部表情到言谈举止，都表现出高傲、不可战胜、一步也不退让，留给对方的也将是极不友好的印象。这样会使对方对你的谈判诚意持有异议，从而导致失去对你的信赖和尊敬。那么，正确的方法应该是怎样的呢？

故事中的谈判给我们提供了答案。

1923 年，苏联国内食品短缺，苏联驻挪威全权贸易代表柯伦泰奉命与挪威商人洽谈购买鲱鱼。

当时，挪威商人非常了解苏联的情况，想借此机会大捞一笔，他们提出了一个高得惊人的价格。柯伦泰竭力进行讨价还价，但双方的差距还是很大，谈判一时陷入了僵局。柯伦泰心急如焚，怎样才能打破僵局，以较低的价格成交呢？低三下四是没有用的，而态度强硬更会使谈判破裂。她冥思苦想终于想出了一个办法。

当她再一次与挪威商人谈判时，柯伦泰十分痛快地说："目前，我们国家非常需要这些食品，好吧，就按你们提出的价格成交。如果我们政府不批准这个价格的话，我就用自己的薪金来补偿，你们觉得怎么样？"

挪威商人听了她的话，一时竟呆住了。

柯伦泰又说："不过，我的薪金有限，这笔差额要分期支付，可能要一辈子，怎么样，同意的话咱们就签约吧？"

柯伦泰的这句话虽然让挪威商人很感动，但也感到了其中某种强硬的意味，要还一辈子？这里面似乎已经没有讨价还价的余地。最后，经过一番深思熟虑，他们最终同意降低了鲱鱼的价格，按柯伦泰的条件签订了协议。

本来是紧张的商业谈判，最后却因为一方的示弱发生了意想不到的改变。这种示弱在商业谈判中叫做"软硬兼施"。当谈话陷入僵局，双方各执一词争执不下的时候，要想让谈判继续下去，一方就要做出让步。让步不是无谓的退缩，而是在谋划周全后，为了争取最大的利益而做出的举动。

柯伦泰在双方分歧较大的时候提出用自己的钱买挪威人手中的货物，还言辞恳切地询问对方的意见如何。这些话麻痹了对方的神经，以为她真的会按自己说的去做，没想到这只是柯伦泰的一种策略。而且，她最后说如果是自己付钱，恐怕要一辈子。

通常来讲，谈判双方实际上就是在讨价还价，但柯伦泰的"一辈子"让对方一时语塞，不知道该怎样回答，这就是一种硬。先软后硬让对方无所适从，柯伦泰正是看透了对手的这种心理，才在谈判陷入僵局时，掌握了主动权，最后以较低价格签订合约。

无论是生活中还是谈判桌上，当我们遇到类似于故事中那样的局面时，不妨试用一下软硬兼施的谈判方式，熟练掌握，很可能会取得意想不到的好结果。

第四章

笑融僵局，用幽默
化解聊天之冰

gaoqingshang
goutongxue

一见如故，与初识之人幽默建交

在我们的一生中，经常可以遇到这种情况：必须和一些不认识的人打交道。打破与他们之间的界限，消除无形的隔膜，顺利地把自己的意见和思想传达、灌输给他们，使他们能欣然接受，并赞成拥护，甚至把他们变成自己的朋友，这需要不凡的智慧。

一见如故，相见恨晚，历来被视为人生一大快事。如今人与人相互之间的交往极其频繁，参观访问、调查考察、观光旅游、应酬赴宴、交涉洽商……善于跟素昧平生者打交道，掌握"一见如故"的诀窍，不仅是一件快乐的事，而且对工作和学习大有裨益。那么，如何才能做到"一见如故"呢？答案是了解幽默，学会幽默，运用幽默来实现与陌生人的相识、相处。

美国作为一个多族裔的移民国家，相互之间的交流极为重要。同时，美国的议会代议和全民选举体制，更要求人们能和不认识的人"一见如故"，推销自己的观点和想法。事实上，只要是与人交往就意味着要与不同的人进行沟通，然而有效的沟通往往是在真诚基础上的"一见如故"式的幽默。

有一天，汽车大王亨利·福特在一个偏远的农村驾车兜风。

在一处农舍边，他看到一个小孩正在锯木材，小孩年龄大约 10 岁左右，技术却十分熟练，更难得的是他看到陌生人后一点也不怕，与一般的乡下小孩有很大的不同。

亨利·福特的童心大起，于是便走上前去帮他拉锯。可是很明显的，福特的技术与小孩相去甚远。小孩也不以为忤，甚至还耐心地指导福特。

过了好一会儿，福特终于忍不住说道："阁下可知道，你正跟亨利·福特在锯木材？"只见那孩子好像没事人似的回答："我不知道，可是我要告诉你，你在跟罗勃·李锯木材。"

或许这个小孩子并不是有意说出那样幽默的话语，只是持有一颗天真的童心，才说了事实上本该如此的话。可正是因为他那不怯生的趣味之言，赢得了亨利·福特的欣赏与青睐。由此可见，"一见如故"的幽默能够拉近与陌生之间的感情距离，将自己很快地融入到群体之中，赢得人们的接受与欣赏。

我们每一个人都应当学会像福特一样，能够与不认识的人即兴地实现"一见如故"的幽默说服术，因为：

首先，第一次和别人打交道时，双方都不免有些拘谨，有层隔膜。如果能有人主动、幽默地打破这层隔膜，对方也能很快融入进来，这种假的"一见如故"在双方看来，就变成了真的一见如故。

其次，很多时候我们只和一些人擦肩而过，但世界如此之小，在社会中生存的我们说不定什么时候需要他们的帮助。即兴幽默施于人，收获日后的人情才能办好事、办成事。

临时发挥，化忌为喜的幽默术

　　在现实生活中，由于受传统文化的影响，人们的大脑中存在着许多忌讳观念。如大年三十不能说"死""亡""灭"等不吉利的词语，吹灭蜡烛应当说成"止烛"；婚宴上不能说"离""散""死"等词语。诸如此种禁忌，在我们的生活中是很常见的，但有时不自觉地说出或做出了一些有违"大忌"的话或事时，如何应付呢？这就要用到一种"临时发挥，化忌为喜"的幽默术。

　　这种幽默术就是在不自觉地做了或说了一些有违"大忌"的事或话时，或者由于客观的原因而带来一些不愉快、不吉利的事情时，及时地用一些双关语、名诗佳句、谐音字词等化忌为喜，消除尴尬，抹掉人们心头的阴影，使快乐重新回到心头。从这个意义上说，临时发挥的化忌为喜的幽默术是一种利人利己的说话艺术，这种化忌为喜的幽默术在生活以及工作等场合中均很适用，值得大家了解和学习，更值得大家学以致用。

　　大刘应邀参加一位朋友的婚礼，可天公不作美，小雨从早到晚一刻也未停过。等大刘赶到朋友家时，衣服上溅满了星星点点的泥水。当新人双双向他敬酒时，朋友看到他满身泥水，略带歉意地说："冒雨前来，辛苦了。这都怪我没选好日子。"大刘赶忙接过话茬幽默地说："老兄此言差矣，自古道：'久旱逢甘雨，他乡遇故知，洞房花烛夜，金榜题名时'，这人生的四大喜事，让你们小两口一天就赶上了两个，这才叫双喜临门呢。"一句话说得满堂喝彩，大大活跃了现场的气氛。

大刘机智地临场发挥，使本来不受婚礼欢迎的雨，瞬息之间带上了逗乐喜庆的色彩。临场发挥的幽默，让人们在无意的禁忌中忘却旧观念的忧愁。

中国作为一个对传统风俗文化甚是尊重的民族，说话做事情往往盼着吉利，尤其是在重要的节日里面。如果你不小心说错一句犯忌讳的话，抑或无意中做了一件冲风俗的事情，这个时候不要一味地自责或者责怪他人，要顺势将自己的无心之过转换为一种吉利的解释。

临场发挥是很讲艺术性的，要发挥得出彩而又得体是不容易的。但只要在这方面做个有心人，那么，不久的将来，你的口中也会妙语连珠，幽默诙谐。

操控紧张，即兴讲话不失风范

幽默讲话者在即兴讲话的时候，经常会过早地感到紧张。人在众目睽睽之下会感到不舒服、说话不自然，这是一种典型的在意外中会无所适从的情况。无论地位高低还是个性好坏，都无一例外会碰到这种状况。

但对于幽默讲话者，尤其是即兴幽默者来说，紧张有时是合理的表现，有时则不是。紧张的人可能会担心自己的选题或信息不太迎合观众的期望或需要；担心观众会抨击自己讲话的质量，对内容的可信度提出质疑，或提出一些我们无法回答的问题；意识到自己的陈述有错误，或遗漏了关键的信息。即使对讲话的题目了如指掌，对自己的幽默资格满怀信心，也难免会担心自己表现不佳，从而产生尴尬的局面，而只有观众才能察觉到这种紧张和尴尬。

当然在即兴幽默中并不能完全摒弃这种紧张感，幽默讲话者如果缺乏适度的紧张感，就不能分泌出足够的肾上腺素，来帮助他调整到巅峰状态。要做出一场精彩而又趣味十足的即兴讲话，窍门就在于让你的紧张情绪为你服务，这就是紧张感的反利用。想象一下，当你浑身紧绷时，分泌出的大量的肾上腺素反而会成为你完成精彩讲话的催化剂。

操控紧张，让即兴讲话在幽默的舒缓与愉快中尽显个人的风采与口才魅力。驾驭了紧张，幽默才会显得更加淡定和从容，幽默才能让一个人的智慧光芒在欢声笑语中赢得听众的共鸣与对讲话者的尊重。

爱因斯坦以《相对论》闻名于世。在一次社交聚会上，几个人拼命巴结他，当众说了一些登峰造极的吹捧话。

爱因斯坦急忙站起来说："如果我相信刚才听到的话是真的，

那我一定疯了。我心里明白我没疯，所以我不相信这些话。"

还有一次，爱因斯坦虽然参与了第一颗原子弹的研制工作，但他深知原子弹会变成威胁人类和平的魔鬼，所以坚决主张废弃这一杀人武器。

有人问爱因斯坦："假如第三次世界大战打起来，将会是什么情形？"

"我实在无法知道第三次世界大战打起来的景象，"爱因斯坦回答道，"不过，我却敢断定，假如第四次世界大战打起来的话，双方交锋必将要用石头砍杀。"

爱因斯坦是一个明智的人，是一个在公众场合敢于克服紧张情绪的人，他说的话看似信口拈来，面对吹捧，他可以用幽默的口吻巧妙地回避；面对疑问，他可以用机巧的假设来反衬出科技的进步并不是绝对意义的好事。如果一种技术的进步将我们的善良与对简单生活的追求扼杀的话，这样的技术是让世人感觉到悲哀的。

爱因斯坦的即兴回答，体现了他的机智幽默，与对紧张感的克服。克服即兴讲话中的紧张，能够让幽默的口才覆盖在智慧的保护伞下面，安全而不失雅趣的流畅表达。

真正幽默的人，不会在每一次讲话中事先排演自己的幽默阐述，而是在没有任何准备的前提下依旧能够顺其自然地说出令他人喜欢、更令他人震撼的幽默话语。

其中，在重要场合中即兴幽默的修炼方法主要包括以下几个方面：

（1）巧用停顿，"滚雪球"幽默最容易让人接受。例如，在会上发言，某领导说："今天，我要讲很长的话——"全体与会者发出叹息。他接着说："大家是不欢迎的！"听众释然，鼓掌。"但是，有些话必须要说——"全体"熄火"。领导继续道："不过，我会争取在10分钟之内说完。"大家这才松了一口气。这种淡淡的幽默有理于缓解开会气氛，还容易调动听众聆听情绪。

（2）有些不能说的话，用幽默来委婉劝说比较合适。

（3）冷笑话不是所有人都能正确解读的，所以尽量少在人前用冷笑话。

（4）遇到不能拿别人开玩笑的时候，拿自己开玩笑不失为一个缓解气氛的方式。

就坡打滚，故作不知幽默他人

幽默口才不只在于口头表达，更在于幽默思想的自然流露。拥有幽默底蕴的人往往在举手投足间显示出幽默的处变不惊。

正所谓幽默的表面是口才的悦耳，幽默的本质却是心态的淡定与做事的圆融。就坡打滚作为即兴幽默的技巧之一，体现的是智慧的优雅以及思维的活力。在生活或工作中，在与人交际中经常会遇到很多意想不到的"坡"，这个时候最不明智的做法是逆坡而上，最聪明的做法就是顺着坡度打个滚了。就坡打滚，不仅仅能够幽默他人，更能够凸显自己的品质，抬高自己的精神品味。

在这里，通过下面这位优雅主持人就坡打滚式的精彩幽默来领略到幽默救场的魅力。

在舞台上，一位杂技演员正卖力地表演踩蛋绝活，一不留神，把脚下的一个鸡蛋踩碎了，这一切全暴露在观众的眼里，台下顿时一阵骚动。

这位演员很尴尬地又换了一个鸡蛋。这时，主持人忙打圆场："为了增加艺术效果，证实鸡蛋是真的，所以演员故意踩碎了一个给大家看。"

也许上帝就爱这么捉弄人，主持人话音还没有落，演员脚下的鸡蛋又踩碎了一个。

观众的眼光马上转向主持人：这回看你怎么说。只见主持人无可奈何地叹了口气，说："唉，社会上的伪劣产品屡禁不绝，看来政府真得加大打击力度了，这不，连母鸡都生产劣质产品了！"

主持人的幽默是典型的就坡打滚式的幽默，面对杂技演员的一次次失误，面对观众们一次次的骚动以及对主持人打圆场的期待，这位主持人并没有令大家失望，他的圆场幽默一次比一次显得生动有趣。

这位主持人是聪明人，聪明人总会在关键的时候为自己和他人赢得一份幽默的答复。就坡打滚式的幽默不仅能够让他人在瞬间的尴尬中摆脱困扰，亦能够让自己的智慧闪光，赢得更多人的佩服、尊重和喜爱。

主持人的这一招的确高明，恰到好处的打滚式幽默，让他在突发事件中表现出故作不知的糊涂术。这是对幽默思想精髓在做事上的即兴运用，是用行为向人们传达的一种幽默趣味的生活态度。

故作不知的幽默技巧，是大智若愚的灵活应对，是意外遇到即兴智慧的巧妙碰撞。即兴幽默体现的是一种处世技巧，故作不知让自己拥抱好运，让他人亲近快乐。

因此，在即兴的幽默口才中，幽默的语言需要遵循他人的心理活动，将他人喜欢的听到的话恰到好处地说出来，不仅不会让自己冒失，反而会让自己在尴尬中实现灵活应对，提升自己在他人心目中的好感。

冷场开涮，幽默逗你喜笑颜开

有时出现下面的状况：在冷场时，不知道怎么活跃气氛；在一些突发事件中，不知道说什么合适的话来救场；和朋友聊着聊着就突然没有话题了；曾有过发表某些意见或建议，无法取得共鸣或者人们的关注；结识新朋友不知道该说些什么……在许多场合中，由于个人的性格腼腆，或者彼此之间不够了解，而无法拥有共同的话题，使交往中出现了"冷场"的情形。这个时候，幽默就是最佳挡箭牌了。幽默会让冷场的冰块渐渐融化，让和煦的快乐走近人们的心中。

众所周知，交流中最尴尬的局面莫过于双方无话可说。无话可说有时候是因为一方对另一方说话的根本不感兴趣，有时候是因为我们说的意思和对方的理解有偏差，有时候是因为我们缺乏在某些特殊情景下的沟通技巧，有时也会因为说话触及了别人的"雷区"，而造成别人的不愉快，导致交谈无法继续下去。无论是哪一种情况，都有可能会让你焦虑。良好的幽默沟通需要双方在适当的时候分别扮演发送信息者和接受信息者的角色，就像跳探戈时需要两个人完美的配合。

"一个巴掌拍不响"，交流中一旦出现冷场的局面，也需要两个人共同配合才能打破僵局。交流是两个人的事情，所以不能指望等着对方为交流负起全部责任。因此，当出现冷场或者尴尬的时候，要沉着更要幽默，寻找双方感兴趣的共同话题，不能一味地等着对方来解决这种尴尬的场面。面对冷场，解决尴尬，幽默口才方能屡试不爽。

一次，雁翎与男朋友肖遥约会时，肖遥问她："你对爱情中的普遍撒网，重点逮鱼，怎么看？"没想到他话一出口，雁翎不但没搭理他，脸色刹时变得很难看。肖遥知道他误入情人的"雷区"，赶紧补充道："啊，请别介意，我是说，我有一个对爱情不忠的故事讲给你，说有一个对老婆不忠的男人，经常趁老婆不在家把情妇带回家，但又时常担心老婆会发觉。所以，有一天晚上，他突然从梦中惊醒，慌忙推着身边的老婆说：'快起来走吧，我老婆回来了。'等他的老婆也从梦中清醒，他一下子傻了眼。"

还没等肖遥话音落下，雁翎已被他的幽默故事给逗得喜笑颜开。

在这里肖遥运用故事的形式首先转移了他们谈话的方向，然后用幽默的感染力，淡化了他因说话不慎而给雁翎带来的不快情绪，从而自然而巧妙地把可能出现的"冷场"给过渡过来，赢得了心上人的开心一笑。

幽默是冷场的克星，是热情的释放，懂得在尴尬中用幽默救场的人是智慧的。拥有幽默天分的人永远不会让他人与自己分享冷场的无奈与尴尬，幽默让冷场被巧妙开涮，让彼此在喜笑颜开中突破尴尬，加深感情。

其中，冷场时的幽默开涮方法主要如下：

（1）可及时拿自己开涮，以幽默的方式摆脱冷场。必要时可以先"幽默自己一下"，即自嘲，开自己的玩笑。也可以发挥想象力，把两个不同事物或想法连贯起来，以产生意想不到的效果。

（2）自信自然。化解冷场局面时，表现得要自然，不着痕迹、轻松地转移话题，使人家不觉得你是刻意的，否则会加剧冷场和尴尬。

（3）平时多读书，多储存一些不同的知识。有了丰富的知识，就有了谈资，再加上幽默、风趣的语言，很容易使局面融洽起来。

（4）可以讲冷笑话，缓和一下气氛，再慢慢回到刚才的主题，但是不宜讲太多的冷笑话，否则场面将有可能更"冷"。

（5）如果交谈时被干扰而不便继续交谈，可以耐心等待，不必打破这种正常的沉默。

（6）当双方因为不是很了解而造成冷场时，就要学会察言观色，以话试探，寻找共同点，抓住共同话题。

即兴聊天，幽默捧场，愉悦情怀

聊天可以调节心理、愉悦情怀，让一个人远离烦闷的侵扰。幽默的聊天作为即兴聊天的一种特殊形式，往往在给人们带来无限趣味的同时让聊天的过程以及结果充满着轻松的释压作用。

即兴的幽默聊天作为一种交际，并不是所有人都能够对它的重要性具有深刻的认识。对于如何利用聊天聊出名堂来，善于幽默言谈的人有他们自己独到的方式方法。

幽默聊天从本质上说是没有什么目的的，可以海阔天空地聊天，图的就是聊天的那种快乐与随意中的惬意。但从微观来说，闲聊未必就"闲"，口才幽默的人能从闲聊中聊出感情来，使之达到一定的目的。在这个过程中，他们可以掌握闲聊的方式和话题，把它变作具有目的性的幽默交流。

会说话的人总是有目的地选择话题。他们不会因为是与他人聊天，而忽视了谈话的禁忌性。在聊天中，搬弄是非、贬抑他人的话题更是需要回避，对方的忌讳和缺点也从不提及。否则即兴的幽默聊天就失去了聊天的意义，而会让自己陷入无知甚至是没有脑子的尴尬境地。

幽默的闲谈是对自身资源的一次挖掘，很考验一个人的知识水平和文化层次，平时除了你最关心、最感兴趣的问题之外，要多储备一些和别人"闲谈"的资料。这些资料应轻松、有趣，容易引起别人的注意。除了天气之外，还有些常用的闲谈资料。

比如，自己闹过的有些无伤大雅的笑话，像买东西上当、语言上的误会等，这一类的笑话，多数人都爱听。如果把别人闹的笑话拿来讲，固然也可以得到同样的效果，但对于那个闹笑话的人，就未免有点不敬，当然，只要不指名道姓就可以。讲自己闹过的笑话，开自己的玩笑，除去能够博人一笑之外，还会使人觉得你为人很随和，很容易相处。

当然，人人都喜欢听笑话，假如你构思了大量的笑话，而又富有说笑话的经验的话，那你恐怕是最受人欢迎的人了。

与人幽默闲谈是人际交流中的必要环节，但是需要注意的是，很多人在幽默闲谈中往往把握不好分寸，甚至说一些不负责任的闲话，而这些闲话中难免会涉及别人的是非，如果说得多了，难免会伤害到一些人。

随机应变，幽默口才的即兴法宝

任何事物的发展都不是一条直线的，聪明人能看到直中之曲和曲中之直，并不失时机地把握事物迂回发展的规律，通过迂回应变，达到既定的目标。幽默口才最重要的特质就是能够随机应变，没有了随机应变的依托，幽默就失去了涵养的内在而成为"金玉其外，败絮其中"的一个空泛的壳子。

相同的事情，别人做得很顺利，到你做的时候一定不要照搬，因为可能事情已经发生变化了；相同的意思，别人说得很幽默，你说的时候也一定不要照学，因为说话的场景已经发生了变化。会说话、有幽默口才的人往往能够在各种语境中实现随机应变。昂扎曼恩就是一个能够将随机应变运用到极致的幽默智者。

昂扎曼恩在柏林剧院演出时，喜欢即兴发挥几句，害得跟他搭档的演员无所适从。因此，导演让他不要再搞什么即兴创作。可当第二天夜场的时候，当他骑在马上出台时，马竟然在台上撒起尿来，引得观众捧腹大笑。

"你怎么忘了，"昂扎曼恩像往常一样，并没有对这突如其来的事情搞得手足无措，他幽默地对马厉声喝道，"导演是不许我们即兴表演的，难道你没有听见吗？"

昂扎曼恩的这句话更是让台下的观众爆笑不已，可想而知，这又是一次成功的演出，昂扎曼恩的随机应变的幽默让马的失态成了表演的笑点。随机应变让一切变化不在自己的掌控之中，却又能操纵在自己的把控范围之中，因为幽默的智者能对一切变化的突然给予幽默的应对。

"一言之辩，重于九鼎之宝；三寸之舌，强于百万之师。"刘勰在《文心雕龙》中曾这样高度评价口才的作用。如今越来越多的人甚至把口才、原子弹和金钱并称为新时代的三大武器。的确，当人类进入文明社会之后，检验一个人是否有能力，以及这种能力能否发挥出来，其中一个最重要的因素就是取决于他是否具备极佳的口才。幽默作为极佳的口才之一，能化解嘲笑的性质，让他人的嘲笑变成对你的敬重。

随机应变的幽默在交际中的作用如此众多，然而，现实生活中有许多人却说话并不流利，若和几个熟人东拉西扯还可以，可是一到紧要关头就傻了眼，一句有用的话也说不上来。由于缺乏随机应变的口才技巧，处处觉得词不达意，要么身陷窘境，要么得罪了他人。看到别人能说会道，妙语连珠，巧于周旋，不由得很羡慕。而原本属于自己的升迁、成功、爱情等，也因一时的"笨嘴笨舌"随之化为泡影。

掌握随机应变的幽默口才，自然成了人们心中的渴望。毕竟拥有随机应变的幽默口才便可抵挡成功路上遇到的各种意外与突发，就能够让自己在曲折的人生路上披荆斩棘，尽早使自己心想事成。

初次见面，幽默加深第一印象

在社交场合，赢得他人好感的重要因素来自于第一次见面的印象。在这个讲求效率的时代，初次见面的印象显得更加重要。心理学上说的"首因效应"，在这个时代已经成了金科玉律。也就是说，你留给别人的第一印象，很大程度上会影响这个人对你的看法。幽默作为陌生人之间最经济的见面礼，却具有最强大的震慑力。从容、淡定的幽默会给他人留下平和的记忆与友善的印象。

之所以提倡运用幽默加深第一印象的重要性，是因为"第一印象"是你在与人初次接触时给对方留下的形象特征。第一印象在人际交往中所具备的定式效应有很大的稳定性，一个人留给他人的第一印象就像深刻的烙印，很难改变。每个人都具有对他人构成第一印象的幽默能力。

心理学家研究发现，第一印象的形成是非常短暂的，有人认为是在见面的前40秒钟形成的，有人甚至认为只有两秒钟。在现实生活中，有时这几秒钟就可以决定一个人的命运。因为在生活节奏如此之快的现代社会，很少有人会愿意花更多的时间去了解、证实一个留给他不美好的第一印象的人。

何况陌生人之间的幽默在社交中占有很大的幽默空间，毕竟在这个社会上，与熟悉的人在一起的时间总是有限的，而社会交际的根本就是要接触更多的陌生人，将更多的陌生人转化为自己的朋友，进而为自己的事业、人生开拓出一片光明的坦途。

有一次，一位漫画家到山西汾酒厂进行参观，与该厂厂方负责人初次见面的时候。厂长负责人欢喜地说道："先生，久闻大名啊。欢迎你的到来，真是让我们厂子蓬荜生辉啊。"

漫画家听后则幽默地说道："可我是大闻酒名啊！"

漫画家巧妙地将厂方负责人的"久闻大名"调换了位置，变成了"大闻酒名"，擅用谐音的幽默技巧，将"久"与"酒"进行了巧妙的联想与对接。幽默中表达了自己的谦和以及真诚的一面，又将对方的酒进行了评论与赞美，可谓是妙语双绝，是初次见面幽默的上品。

有人曾经说过这样一句话，所谓城市的生活就是几百万人在一起所感受到的寂寞。毕竟几百万人的城市中，每一天我们都会在有意无意中接受到初次见面的机会。这个时候，不要让自己板起的面孔吓走将来的朋友。哪怕不是朋友，也要时刻用幽默来包装自己的心灵，毕竟幽默的人带给大家的不只是欢笑，更有内心的充实与豁达。

如果你是一个有幽默感的人，就不要吝啬幽默。所以，有人打趣地说："第一印象犹如童贞，一旦失去，便永不再来。"难怪英国著名形象设计师罗伯特·庞德曾说："这是一个两分钟的世界，你只有一分钟展示给人们你是谁，另一分钟让他们喜欢你。"

所以在与陌生人交往的过程中，你一定要好好抓住两分钟的印象效应时间，保持微笑，一句开朗而有活力的玩笑，会拉近两人的距离感。如："你好，你长得好温顺啊，像小绵羊。"

总之，形象是社交的第一印象，语言又是形象的代言人，在与人交往中，要学会说出漂亮的幽默语言，给人一种积极向上的乐观的印象，有利于受人喜欢，开阔自己的社交圈子。

因此，幽默语言必须符合以下几点：

如果不想成为同行的笑柄的话，表达必须合体；

如果不想让同行或客户鄙视的话，幽默必须庄重；

如果不想让人看出你的性格或爱好的话，语言必须是保守、得体的。

深化记忆，幽默说出自己名字

在初次见面经常遇到做自我介绍的状况，而在向陌生人做自我介绍时，许多人在介绍自己名字方面却做得不太好，在介绍时只是简单地报出自己的姓名："我姓 ×，叫 ××。"自以为介绍已经完成，然而这样的介绍肯定算不上有技巧，也许只过了三王分钟，别人已经把他的姓名忘得一干二净，这样也就无法给别人留下深刻的第一印象。

幽默则是淡化记忆的克星，幽默的谈吐能够让他人牢记你的名字，长时间印象于你的气质、风度与涵养。

因此，在社交场合，一个幽默的自我介绍如同一次令人刻骨铭心的广告。幽默的自我介绍，可以让他人在最短的时间内留下最深刻的印象，为进一步的交往打下良好的基础。然而一段幽默的自我介绍，首先应该从介绍自己的名字开始，请幽默地说出自己的名字，那么一次成功的交际之旅将会让你收获颇丰。

一个人的姓名，往往拥有丰富的文化积淀，或折射凝重的史实，或反映时代的乐章，或寄寓双亲对子女的殷切厚望。因此，推衍姓名的幽默能使人对你的印象深刻，有时也会令人动情。

为了强化在社交中的特色与潜能，特此列举出以下几种对姓名的幽默介绍法。

（1）利用名人式幽默。在新生见面会上，代玉做自我介绍时，风趣地说："大家都很熟悉《红楼梦》里多愁善感的林黛玉吧，那么就请记住我，我是新时代的黛玉叫代玉，我是黛玉的反版，因为我天生快乐。"

利用和大家熟知的名字相近的方式来幽默介绍自己的名字，关键是大家所熟悉的，否则就收不到最终的幽默效果。

（2）自嘲式幽默。刘美丽介绍自己时说："不知道父母为何给我取美丽这个名字。我没有标准的身高，也没有苗条的身材，更没有漂亮的脸蛋，这大概是父母希望我虽然外表不美丽，但不要放弃对一切美丽事物的追求吧。"

刘美丽幽默、乐观的自我介绍引起了人们的开怀一笑与敬佩，她以一种幽默的姿态向人们显示了自己积极的人生观与价值观，敢于正视自己的不美丽，反而让她变得更加有魅力。

（3）自夸式幽默。李小华很懂得幽默自夸，他在介绍自己时经常这样说："我叫李小华，木子李，大小的小，中华的华。都是几个没有任何偏旁的最简单的字，就如我本人，简简单单、快快乐乐。但简单不等于没有追求，相反，我是一个有理想并执著的人，在追求理想的路上我快乐地生活着。"

李小华幽默的自夸中，并没有真正蓄意表现自己的狂妄，相反，他在自夸的同时是为了向大家表现自己的亲和，幽默的智慧正是在于此，幽默让伟大显得谦逊，让谦逊变得伟大。

（4）利用谐音式幽默。朱伟慧在一次自我介绍中曾经这样幽默说："我的名字读起来像'居委会'，正因为如此，大家尽可以把我当成居委会，有困难的时候来反映反映，本居委会力争为大家解决。"听到这样的介绍，大家忍俊不禁。

大家笑不是因为朱伟慧的名字起得趣味十足，而是在于她将自己的名字介绍得幽默地道。

（5）姓名来源式幽默。陈子健幽默自白道："我还未出生的时候，名字就在我父亲的心目中了。据说他很喜欢这样一句古语'天行健，君子以自强不息'，于是毫不犹豫地给我取了这个名字，同时希望我像君子一样自强不息。没办法，父母之命不敢不从，何况刚出生的我还没有力气来修改自己的名字呢。"

以自己的名字来源作为噱头，幽默且不失明确地表达，于趣味中留给他人生动，于豁达中施与他人快乐。

（6）调换词序式幽默。周非在自我介绍的时候，就经常调换词序，他竟成这样跟人家介绍说："把'非洲'倒过来读就是我的名字——周非。所以请知道非洲的你们也同样明白我的存在。"

周非的自我介绍简单、幽默，充满个性，如果你的名字在顺序打乱后也是一个能够被大家熟知的事物，那么不妨从熟悉下手引导出自己的精彩介绍，那么想不要他人记住你都是一件比较难的事情吧。

（7）摘引式幽默。任丽群同学可谓是摘引式幽默的高手，她经常让陌生人过目不忘的原因不在于她外表的独特，而是在于她幽默的生活姿态。她在自我介绍中幽默道："大家都知道'鹤立（丽）鸡群'这个成语，我是人（任），更希望出类拔萃，所以，我叫任丽群。"

这种幽默、风趣的自我介绍，想不要引起他人的注意都很难。总之，自我介绍有很大的发挥空间，我们应该想方设法把它丰富起来，不要放过任何一个吸引人注意的机会。

幽默地说出你的名字，将自己的名字与大家熟知的"笑点""笑料"巧妙地联系在一起，他们在介绍自己名字的同时，已经不经意地牵引着他人去想象、去发笑。

因此，幽默地说出你的名字，你将会是交际场上永远受人欢迎的一只翩翩起舞的蝴蝶，尽显自己的气度与乐观的本质。

出乎意料，幽默应"话"而生

现代社会是一个发展迅速、竞争激烈、优胜劣汰的社会，不少人有社交的强烈愿望，却喜欢把自己封闭起来。其实，与人交往也要有颗幽默的"笑"心，要懂得给自己身边的人带去真诚的欢乐。如果我们互相戒备，见面只说"三分话"，这谈不上是正常的交往，正如谢觉哉同志在一首诗中写道："行经万里身犹健，历尽千艰胆未寒。可有尘瑕须拂拭，敞开心扉给人看。"幽默则是敞开心扉给人看的一把最有效的心锁。

幽默的沟通之所以不同于一般的沟通，很大程度上体现的是语言的技巧性。它来自于思维的奇巧，借助于特定的语汇、语气、表情甚至姿态。幽默语言功夫的练就主要是从幽默的创造性入手。幽默之所以能让他人印象深刻、大笑不止，就在于幽默出乎意料于情理之中。也就是说幽默人往往联想的跨度大，但又将话语说得巧妙、合理。

钢琴家波奇一次在美国密歇根州的福林特城演奏，发现全场有一半座位空着，他很失望。演出完毕，他还是大步走到台前，向听众表示谢意，并对听众说："朋友们，我发现福林特这个城市的人都很有钱，我看到你们每个人都买了两三个座位的票。"于是，在座的听众放声大笑，使劲鼓掌。

波奇的设想令人惊奇，他的结论令人会意。当大家发现表演场只坐满了一半人数的时候，大家或许会为波奇觉得尴尬，然而波奇的话语却完全颠覆了大家的顾虑，他用极其幽默的话语，出乎意料地表达了自己对来宾的欢迎。他不仅使自己摆脱了困境，而且更赢得了听众的尊重。

出乎意料，是幽默的最基本的特质，带给人们的往往是耳目一新的喜悦感，出乎意料的幽默语言是魅力的光环，是达观气质的表现，懂得运用出乎意料来给他人增添快乐，是驰骋于社交场合的必胜法宝。

玩笑自嘲，用谦逊赢得影响力

人们总抱怨说幽默很难，其实幽默很容易，只要你学会嘲讽自己，你天天都是幽默的。开个玩笑自嘲一下，没有人会笑你傻，真正傻的人是不懂自嘲的"聪明人"。

如果我们有风趣的思想，我们就可以充满自信地面对自己的缺点，比如不尽如人意的身高，或者不够漂亮的脸蛋，亦或者是不够完满的工作环境与生活状态，当你换一种角度看待自己所经历的一切，乐观地享受此刻的不快，不久之后，就会发现豁然开朗的另一片天地。因此，不妨试着在顺境的时候自嘲一番，在逆境的时候也自我幽默一把，相信好的运气将要来临。

幽默的生活态度总是能够给我们带来新的视角，总是能够让我们运用一颗平常心应对生活中的苦与乐。玩笑自嘲，作为一种谦逊而又豁达的心量，让我们在与人分享欢乐的同时，享受到一份温暖和谐的人际关系。

自嘲是自己对自己的幽默，是消除自己在社交场合、与人沟通中胆怯的良方。自嘲是运用戏谑的语言，向别人暴露自身的缺点、缺陷与不幸，说得直接一些，就是把脸上的灰指给对方看。俗话说得好："醉翁之意不在酒。"自嘲同样是这个道理，自嘲在社交活动中有着独到的表达功能以及实用价值。

长篇小说《围城》重版，《谈艺录》与《管锥篇》问世以后，钱锺书的名声日盛，求访者愈来愈多，钱锺书又有不愿意接受访问的脾气。有一天，有一个英国女人打电话给他，要求拜访，钱锺书在电话里不无幽默地说："如果你吃了一个鸡蛋感觉很好，又何必认识那只下蛋的母鸡呢？"

钱锺书自比"母鸡"，虽然是有意贬低自己，却是在说英国女人没有必要来拜访他。正如人们喜欢谈论一些关于别人的笑话一样，在适当的时候，拿自己开开玩笑，自我解嘲。

一个懂得自嘲幽默的人必定是一个社交高手，是一个在与人交往中能够独守个性与乐观的人。自嘲可以巧妙地把陷自己于不利的因素，用一种荒诞的逻辑歪曲成有利因素，将自己从困境中解脱出来。

自嘲可以使人们在笑的同时，把你的窘态忘得一干二净。所以，巧用自嘲，既可以使自己在众人中平添风采，又能在幽默、风趣、令人愉悦的情况下，取得皆大欢喜的结果。

有些人既缺乏机智又不诚恳，常常自以为很幽默，经常喜欢拿别人开玩笑，处处表现出小聪明，结果弄得与他交往的人不敢再信任他，以前的朋友也会敬而远之，纷纷躲避。

适当地拿自己开开玩笑吧，这不仅是一种机智，更是驱散忧虑、走向快乐的法宝。

淡化感情，幽默融化交际之冰

社交过程中，并不是一帆风顺，当你在公众交往中遇到了让自己尴尬、让他人尴尬、让自己为难、让他人为难的境况时，不要着急摆脱，学会运用幽默的智慧将谈话的感情色彩淡化，才能将交际之冰巧妙融化。

幽默口才有如春风一样让人心旷神怡，愉悦人的情感，让你在亲切友好得氛围中拉近双方的距离。这就是幽默在交际中的魅力与威力。

因此，在社交活动中如果遇到让人尴尬而不满的情景，最好不要生硬地表达不满，而要学会运用幽默的圆融，淡化感情色彩，转移尴尬与不舒服的情绪注意力。

在纽约国际笔会第四十八届年会上，轮到陆文夫发言。面对来自世界 40 多个国家的 600 多位代表，他不慌不忙，侃侃而谈。

有人问："陆先生，您对性文学怎么看？"这是一个尖锐的问题，回答不好会涉及不同国家的文化冲突问题。

陆文夫清了清嗓子风度翩翩地说："西方朋友接受一盒礼品时，往往当着别人的面就打开来看，而中国人恰恰相反，一般都要等客人离开以后才打开盒子。"

听众席里发出会意的笑声。陆文夫面对难以回答的问题，别出心裁地用一个充满睿智和幽默的生动比喻，把一个敏感棘手的难题解答得既简练通俗又圆满精辟。凭借诙谐的语气表示自己对此态度的认同，淡化了感情色彩。

无独有偶，英国前首相丘吉尔也曾经在公众场合遭遇了尴尬。但是，他没有被突如其来的嘲笑所吓倒，因为幽默的智慧远远胜过嘲笑的挑衅。

英国前首相丘吉尔在他执政的最后一年，出席一个政府举办的仪式。在他身后不远的地方有几个绅士窃窃私语："你看，那不是丘吉尔吗？""人家说他现在已经开始老朽了。""还有人说他就要下台了，要把他的位子让给精力更充沛更有能力的人了。"当这个仪式结束的时候，丘吉尔转过头来，对这几个绅士煞有介事地说："唉，先生们，我还听说他的耳朵近来也不好用了。"

丘吉尔知道，自尊自爱就要以适当的方式来表达自己的思想感情，他在这里的幽默一语，既淡化了感情色彩，给自己解了围，表达了不满，又使那些绅士自讨没趣。

社交场合碰到别人不恭的言行，不便发作，但憋在心里也不好受。海明威曾说过："告诉他你不高兴，但在话中别出现'不高兴'这个词。"把表示不满的语言用幽默的语言掩饰一下，让对方知道你不高兴，又不至于破坏友好气氛，是个不错的方式。

在社交场合中，随时都可能遇到"结冰"的状况，灵活的人会选择用幽默的沟通方式破除不和谐的"坚冰"。淡化感情的幽默技巧，是走上成功社交之路的法宝，是我们在现代生活中立于不败之地的重要技能。

第五章

展示优势，你的魅力是
让人无法拒绝的说服力

让别人折服于你的语言魅力

　　顺着人心说话效果可说是事半功倍。脾气再大、城府再深、主观性再强的人也吃不消这一招。顺着人心说话能让你凭借三寸不烂之舌就征服别人，让别人拜倒在你的语言魅力下。

　　一般来说，一个人的性格特点往往通过自身的言谈举止、表情等流露出来。快言快语、举止简洁、眼神锐利、情绪易冲动的人，往往是性格急躁的人；直率热情、活泼好动、反应迅速、喜欢交往的人，往往是性格开朗的人；表情细腻、眼神稳定、说话慢条斯理、举止注意分寸的人，往往是性格稳重的人；安静抑郁、不苟言笑、喜欢独处、不善交往的人，往往是性格孤僻的人；口出狂言、自吹自擂、好为人师的人，往往是骄傲自负的人；懂礼貌、讲信义、实事求是、心平气和、尊重别人的人，往往是谦虚谨慎的人。当我们面对不同性格的谈话对象时，一定要具体分析，区别对待。比如对待傲气十足的人，如果他把面子看得很重而讲究分寸，你不妨从正面恭维入手，让他飘飘然。

　　不过，这里并不是要你做一个没有"自我"的人，如果你真的如此，那你就成为别人的影子了。"顺着人心"只是方法，而不是目的，你如果能成熟地运用这个方法，别人就会在不知不觉之中受到你的影响，甚至接受你的意志。那么，如何顺着人心呢？

1. 倾听

很多人都有发表欲，如果他在社会上已有一些成就，更有不可抑止的发表欲，当他滔滔不绝的时候，你就做一个倾听者。一则，你的倾听可以满足对方的发表欲，他一满足，对你就不会有恶感；一则，你可在倾听中了解他的个性和观念。然后，你要顺着他的谈话，发出"赞同声"，还可以在恰当的时机提出一些问题让对方说明。如果你这样做了，你便能赢得对方的好感，甚至使对方更加相信你。

2. 不要辩论

如果对方说的话你不能同意，你也不要提出辩驳。即使你们是好朋友，如果你和他的交谈另有目的，也不宜和他辩论，因为有些事情并不能辩得明白，而且很可能越辩越气，最后不欢而散；如果你辩倒对方，那更有可能造成关系的中断！

3. 称赞

喜欢赞美是人类的天性，其实赞美也是一种爱抚。赞美什么呢？你可赞美他的观念、见解、才能、家庭……反正对方有可能引以为荣的事情都可以赞美，这种做法所费不多，效果却非常惊人。

诸葛亮对关羽，便采取此法。马超归顺刘备之后，关羽提出要与马超比武。为了避免二虎相斗必有一伤，诸葛亮给关羽写了一封信：我听说关将军想与马超比武。依我看来，马超虽然英勇过人，但只能与翼德并驱争先，怎么能与你美髯公相提并论呢？再说将军担当镇守荆州的重任，如果你离开了造成损失，罪过有多大啊！关羽看了信以后，打消了入川比武的念头。

4.引导

这是最重要的方法，如果你一番"顺着人心"的功夫另有目的，尤其需要"引导"这一招。也就是说，你要在对方已经满足时，才把你的意思显现出来，但显现的方式还是要顺着人心，不要让对方感到不快，例如你应该说"我很同意你的观点，不过……"或"你的立场我能了解，可是……"，先站在对方的立场，再提出自己的观点，把对方的意志引到你希望的地方去。

这样的方法可以用在平时与人相处，可以用在说服别人，也可以用在带领下属，效果可说是事半功倍。

展示自己的优势

口才好、能说会道的人往往能在与人交流中更好地展示自己，无形中抬高自己的身价，给别人一种更深刻的印象。

"味甘而补，味苦而清，药辛发散解表，药酸宁神镇静。任何事物都有它不同的特点，也有它不同的作用。"听到这样的话语，你会有什么样的感觉呢？我们一定认为：不是医生还懂医药知识，真不简单。可以说，在谈话中，适度、自然地引用一些具有文化色彩的词汇，能起到改善自己形象的作用。

在日常交际中，关键在于感觉。对方感觉好，就会看好你。

某知名英国作家的儿子只有 16 岁，可他在随父亲与丘吉尔见面时，竟当了一次首相的"语文老师"。他回忆了 1949 年在"玛丽亚王后"客轮上难忘的一幕：

那天，我跨进丘吉尔的舱房时还有点迷迷糊糊。我如释重负地发觉丘吉尔不在房内。客人很多，丘吉尔夫人开始替人作介绍，这时屋里一下肃静下来。我转身一看，丘吉尔本人竟站在屋里，抽着一支硕大无比的雪茄烟。他穿着我从未见过的奇怪服装，是条灰色的连衣裤，用类似帆布的料子做成，前面装了条直通到底的拉练。后来我才知道，这是他在大战时的战地服装。

他从人群中走过，边走边同人握手致意。接着他挽住我父亲的胳膊，大步走到屋子的另一头。就在这时，丘吉尔恰巧朝我的方向瞥了一眼。他莞尔一笑，招手示意我过去。我走到他们跟前时，父亲迅速对我使了个眼色，我不会误解其含义：你必须绝对沉默！

丘吉尔谈起他在密苏里州的富尔顿大学所作的演讲，他在这次演讲中首先使用了"铁幕"一词。我父亲说："你的预言又一次实现了。英国和西方之间存在着可怕的分歧，你准备怎么做呢？"

丘吉尔没有立即回答。他看了我一眼，仿佛在看我是否听得懂这番话。接着他扫视了一下屋里的其他人。"哦，现在，"他提高声音，字斟句酌，一字一顿地吐出下面的话来，仿佛在议会中发表演说似的，"现在，你是在要求我踏上把陈辞滥调和信口开河分隔开的那道鸿沟上的独木小桥。"

人们哄堂大笑。自从进屋后，我还是第一次感到自在。我感到如此自在，竟不觉开口说话了。我问道："丘吉尔先生，如果俄国人研制成原子弹，你认为他们会对使用它犹豫吗？"

我父亲眨了眨眼睛，猛地一晃脑袋，盯着我看。我立刻后悔自己不该多说话。可是丘吉尔似乎挺高兴。他说："嗯，那得视情形而定，不是吗？东方可能会有 3 颗原子弹，西方则可能有 100颗。但是，假如反过来呢？"我父亲刚要开口，可丘吉尔继续只顾自己往下说。"你明白——"他照旧字斟句酌，一字一顿，声音逐渐增大，"你明白——就原子弹而言（屋里又安静下来）这全是一个——"

他似乎想不出精确的词来圆满阐述他的想法。我当时没看出他仅是在等待屋里所有的人都凝神静听，却只觉得丘吉尔忽然苦恼不堪地没有能力表达自己的意思，而我父亲不知为何并不打算去救他出困境。

"先生，"我说，声音似乎嘶哑了，"你的意思是不是说，这全是一个均衡的问题？"

我父亲睁大了眼，惊慌地凑上前来，可是丘吉尔举起一只威严的手，拿那支令人敬畏的雪茄指着我说："就是这词儿，千真万确！'均衡'是个很好的词，可是无论在战争时期还是和平时期，这个词经常被人遗忘。年轻人，你每天早上一醒来就该说这个词，每次站在镜子前刮胡子时，就该对自己说这个词。"

听了这番话，我的头都发晕了。我看出父亲不再生我的气了，不觉释然，于是得意洋洋地默然静听他们继续交谈⋯⋯

这个孩子并非什么博学之辈，关键是他敢于说话。其实只是个风险不大的问句而已，却非常抢眼，给全场留下了深刻印象。

巧用妙语，打好圆场

巧妙地说好贴金话，其实就是打好圆场。想要事事有个圆满的收场，就得锻炼自己的口才，提高自己的"语商"。

不管做什么事情，我们都渴望能有个圆满的收场，这就需要我们平时多多读书，多多磨炼，头脑充实，机智敏捷，反应灵活，并且平日持之以恒。与此同时，还要注意培养敏捷的表达能力，以及逻辑与语言修辞素养。

有一个销售员在一家百货商店前推销他那些"折不断的"梳子。为了消除围观者的怀疑，他捏着一把梳子的两端使它弯曲起来。突然间，那把梳子啪地一下断了，销售员顿时惊得目瞪口呆。这个时候，只见他把它们高高地举了起来，对围观者的人群说:"女士们,先生们,这就是梳子内部的样子。"

如果一个人平时总是思考如何应付复杂局面和临场突发情况,临战自然不会仓促和不知所措。

有一个卖瓦盆的人,为了能够早点把瓦盆卖出去,便当着顾客的面用旱烟锅子敲了起来。他边敲边喊:"听这瓦盆啥响声啊!"可是,令他意想不到的是瓦盆被敲破了。旁边看热闹的人忍不住笑出了声。他忙指着瓦片对身边的人说:"你们看这瓦茬子,棱是棱,角是角,烧得多结实呀。"

参加面试时,主考官所问的问题并不一定有什么标准答案,只要能"自圆其说"便算是成功。

有一个年轻的小伙子来面试,主考官问了一个问题:"你为什么要离开现在的企业。"他回答:"在那家企业没有前途。""那么怎么样才算有前途?"主考官接着问。"企业蒸蒸日上,个人才能得到不断提高和发展。""你们公司的产品在市场上的占有率名列前茅,员工收入也很高,这是有口皆碑的,怎么能说在这个企业没有前途呢?"这位求职者被问倒了,为什么会出现这种情况呢?那是因为他不清楚随着问题的不断深入,他先前的论点将无法成立,这样就不能自圆其说了。

我们常常会遇到这样的提问:"你最大的优点是什么"和"你最大的缺点是什么"。这两个问题看起来很简单,可是要回答好却不是一件很容易的事情,因为接下来主考官有可能会问:"你的这些优点对我们的工作有什么帮助?你的这些缺点会对我们的工作带来什么影响？"然后还可以层层深入，"乘胜追击"，求职者是很容易陷入不能"自圆其说"的尴尬境地的。几乎所有的面试问题都有可能被主考官深化和挖掘，所以在回答问题之前一定要先考虑周到，然后再给予回答，这样才不致于使自己陷入被动的局面之中。

在日常生活中，我们不需要过于自夸，但在某些场景中，便需要好好运用自己的口才，把话说得巧妙高超。

说话要扬己之长，避己之短

想要抬高自己的身价，说好给自身贴金的话，就要懂得扬长避短的道理，多说一些自己的长处，少说一些自己的短处。

古人云："梅须逊雪三分白，雪却输梅一段香。"在常人的眼睛里，每个人或多或少总会在某方面存在一定的缺陷，就算是伟人也毫不例外：拿破仑矮小、林肯丑陋、罗斯福小儿麻痹，而这些都没有阻挡他们极其辉煌自信的一生。

瑞士银行中国区主席兼总裁李一，在 1988 年最初去美国迈阿密大学留学时，学的是体育管理专业。他发现那是"富人玩的游戏"，于是在离毕业还有半年时，毅然报考沃顿商学院。

美国沃顿商学院是世界首屈一指的商学院，李一考得并不轻松，前后面试了三次，仍没结果。最后一次面试，他干脆在考场上直截了当地问主考官："如果我没有被录取，最可能的原因是什么？"

"很可能是因为你没有工作经验。在美国，商学院录取的前提条件是要有商务工作经验。"

李一作出的反应不是承认自己的不足，或者是如何改变自己的缺点，而是立刻反驳："按你们的招生材料所说，沃顿作为世界最优秀的商学院，肩负着培养未来商务领袖的重任。但世界各国发展很不平衡，如果按你们现在的做法，商务成熟的国家会招生特别多，像中国这样的发展中国家可能一个也不招，这跟沃顿商学院的办学宗旨是自相矛盾的。"

出人意料的是，李一的反驳得到了主考官的欣赏。面试出来后，招生办主席秘书给李一打了一个电话："主席对你的印象特别好，说你很自信，与众不同。"后来，在当年52个申请该校的学生当中，李一成为唯一被沃顿商学院录取的中国学生。

李一的自信赢得了考官的欣赏，为自己铺垫了人生道路上的一块重要基石，更重要的是，他战胜了自己，他能够扬长避短，主动出击。著名管理学家德鲁克博士曾在1999年的《哈佛商业评论》中发表观点：对于一个集体，需要克服的是"短板定理"；而对于个人，发挥自己的长处，比努力去补齐短板更为重要。

我们都知道田忌赛马的故事，对手的每一匹马都有相对应的绝对优势。但没有关系，不需要补齐短板，只要注重自己能够形成优势的策略，简单地进行以长击短的顺序调整：上等马对中等马，中等马对下等马，下等马对上等马。就能获得完全不同的结局。

其实，每个人都有自己的可取之处。你也许不如同事长得漂亮，但你却有一双灵巧的手，能做出各种可爱的小工艺品；你现在的工资可能没有大学同学的工资高，不过你的发展前途却比他的大，等等。这并不是一种吃不到葡萄就说葡萄酸的心理，因为世界这么大，永远没有绝对的好，只有相对的好，永远没有绝对的失败，而只有相对的成功。

这世界上的路有千万条，但最难找的就是适合自己走的那条路。每一个人都应该努力根据自己的特长来设计自己，量力而行，根据自己的环境、条件、才能、素质、兴趣等确定发展方向。不要埋怨环境与条件，应努力寻找有利条件；不能坐等机会，要自己创造机会；拿出成果来，获得了社会的承认，事情就会好办一些。每个人都应该尽力找到自己的最佳位置，找准属于自己的人生跑道。当你事业受挫了，不必灰心也不必丧气，相信坚强的信念定能点亮成功的灯盏。

每个人都有自己的特质和特长，所以不要怀疑自己，更不要轻易地否定自己。认清你自己的优势与弱点，如果你身上有暂时或是永远无法补齐的"短板"，那么不如去吸引别人注意到你身上其他的闪光之处。每个人都有自己的发光点，只要你善于利用，就能扬长避短，形成制胜的优势。

善意的交谈让你更容易为人接受

与人交谈时，如果态度良好，更容易赢得别人的好感，你也就更容易为人所接受。

"善待他人就是尊重自己。"给别人一片晴朗的天空，就是给自己一片明媚的天空。当你由衷发现他人的优点、好处、能力时，人家同时也发现了你的优点、好处、能力。善待他人就是善待自己，这是做人的基本原则。

孟子曾经说过："君子莫大乎与人为善。"那些慷慨付出、不求回报的人，往往容易获得成功。而那些自私吝啬、斤斤计较的人，不仅找不到合作伙伴，甚至有可能成为孤家寡人。有人可能会问：怎样才算与人为善呢？与人为善说起来很简单，做起来却不是一件容易的事，它包括相当广泛的内容。如：关心他人，当朋友遇到困难的时候，主动伸出友谊之手；尊重他人，不去探究他人的隐私；不在背后议论、批评他人；善于和别人沟通、交流；善于和那些与自己兴趣、性格不同的人交往；承认对方的价值和努力，对于错误要负起自己该负的责任……总的说来，善待他人的最重要原则就是"己所不欲，勿施于人"，凡事要从对方的角度来考虑。如果你能遵从这个原则，你将获得许多好朋友、好伙伴。

战国时代的名将吴起很懂得与人为善就是善待自己这个道理。《史记》中载有一个关于吴起的故事：他爱兵如子，深得士兵们的爱戴。有一次，一个刚刚入伍的小兵在战争中负了伤。因战场上缺医少药，等到打完仗回到后方时，那位小兵的伤口已经化脓生疽。吴起在巡营的时候发现了，他二话没说，立刻蹲下来，用嘴为那位士兵吸吮伤口、消炎疗伤。那位小士兵见大将军竟然如此对待自己，感动得热泪盈眶，说不出一句话。其他士兵们看了，也深受感动。而那位士兵的母亲听说了这件事后，却大哭起来。大家都以为她是感动而泣，可她却说："我是在为我儿子的命运担心呀！你们有所不知，当年，吴将军也曾为他的父亲吸吮过伤口，结果他父亲感念吴大将军的恩情，舍生忘死英勇杀敌，最后战死在沙场上了。"正因为吴起如此善待士兵，所以士兵们个个英勇善战。

可见，与人为善是我们在寻求成功的过程中必须遵守的一条基本准则。在当今这样一个合作的社会中，人与人之间更是一种互动的关系。只有我们先去善待别人，善意地帮助别人，才能处理好人际关系，从而获得他人的愉快合作。

我们静下心来仔细思考一下，会发现自己很少会赞美他人。我们跟他人比较时，总是会找到对方的缺点，总是会说谁谁谁又做错了，某某某很笨，遇到人家做成功什么事情后，我们会心里说："这有什么，要是我肯定能做的比他好。"而当一个人做事情失败后，我们中间很多人又会在内心里说："瞧瞧，他多笨呀，不行就是不行……"凡此种种，其实就是我们在内心深处不愿意看到他人的长处，不懂得善待他人的结果。

生活总是千差万别的，人的能力也是各种各样的，其实这跟我们的十个手指头不可能一样齐是一个道理的。当一个不如自己的人，通过努力在做一件事情，我们用自己由衷的言语赞美一下，对于我们这可能不算什么，但是如果我们想象自己就是他，听到这赞美之词，会是一种什么样的心情呢？当一个强于自己的人，轻易完成一件事情后，我们给他赞美的同时，我们也会发现他成功的原因，我们会在关注他的同时发现他强于我们的原因，我们会要求自己朝着他成功的方向去努力的，这总比我们嫉妒他、不服气他要好多了吧？当遇到一个做错事情的人，特别是那种做错事情又伤害我们的人，如果我们宽恕他，给他改过的机会，我们得到的肯定不再是气愤之类的感觉；当一个人遇到困难的时候，我们尽力帮助他，善待他，试想一下，当对方说谢谢的时候，我们得到的又是什么呢？

皖南山区某县有一个青年农民，他种的水稻品种好、产量高，他总是将自己的优良水稻品种无偿地送给村里的人。村民问他："你这样做不怕我们超过你吗？"这位青年农民回答："我将好种子送给你们，其实也是帮助了自己。"他知道，周围的人们改良了他们的水稻品种，可以避免自己的水稻品种产生异变，导致减产。

生活中常是这样：对人多一份理解和宽容，其实就是支持和帮助自己，善待他人就是善待自己。如同有句话说的那样：授人玫瑰，手留余香。

可见，善待他人是人们在寻求成功的过程中应该遵守的一条基本准则。在当今这样一个需要合作的社会中，人与人之间更是一种互动的关系。只有我们先去善待别人，帮助别人，才能处理好人际关系。

有人说良好的人际关系不单单是行动上做出来的，更是从心底里"流"出来的。这句话很有哲理性，它告诉我们在人际交往中要以诚待人，用"心"和他人交往。

在追求成功的过程中，任何人都离不开他人的合作。尤其是在现代社会里，如果你想获得成功，就应该想方设法获得周围人的支持和帮助。只有你真诚地对待别人，对方才会与你真诚合作。请记住：善待他人也就是善待自己！

学会保持神秘感

如果你渴望在社会交往中在保持良好的人际关系的司时，得到更多仰望的眼光，那么就要掌握与人保持适度距离的技巧。保持适当的神秘感，会让你更有吸引力。

人们总说，得不到的东西是最好的，在没有得到之前，总有丰富的想象空间和追逐目标的快乐过程。狮子般的人一旦与人亲近，便失去了威严。这就是重要人物总是为保持神秘感，减少在公众场合的露脸次数的原因。所以保持适当的神秘感，会让你更有吸引力。

有一种情况最适用于恋爱中的人们。心理学中有一种升值规律，即越是得不到的东西，越是值得朝思暮想。两个刚认识不久的人一定会非常迫切地希望知道对方的事情，尽管这是理所当然的愿望，却也会造成不利局面。对方一旦了解你的全部事情，对你的兴趣也会随之急速冷却，因此，要使每次约会都有新鲜感并使他对你持续抱有兴趣，一定要在恋爱期间保有一点神秘感。

不要说太多关于自己的事情，如果从自己出生开始到现在的一切，你都对他说得一清二楚，那你对他就根本没有神秘感可言。因此，若提到自己的事也要坚持不说某一时期或某些话题，留出一段空白的岁月。

他若邀请你外出游玩，不妨告诉他，你很想去，可惜先有其他约会。这种做法，必然可以刺激他对你的兴趣，男孩子大都喜欢去追一个炙手可热的女孩，竞争者愈多，他愈感到兴趣盎然。得到这样的女孩，他才会觉得越荣耀。没有人在意的女孩，男孩子是不会感兴趣的。

绝对不让他送到家门口。男女约会后，通常男方会送女孩回家。这时候你可以特别指定只让他送你到车站或巷口，且绝对不跟对方说明理由。这种做法也能制造神秘感。

保持神秘感，并不是指拉远距离，隔着十米远说话。保持神秘感，也要注意保持合适的距离。

一位心理学家做过这样一个实验。在一个刚刚开门的大阅览室里，当里面只有一位读者时，心理学家就进去拿椅子坐在他的旁边。试验进行了整整 80 人次。结果证明，在一个只有两位读者的空旷的阅览室里，没有一个被试者能够忍受一个陌生人紧挨自己坐下。这个实验说明了人与人之间需要保持一定的空间距离。任何一个人，都需要在自己的周围有一个自己把握的自我空间，它就像一个无形的"气泡"一样为自己"割据"了一定的"领域"。而当这个自我空间被人触犯就会感到不舒服，不安全，甚至恼怒起来。

我们看到，这样的距离是让人不能承受的，它侵犯了人的私密空间。专家提醒我们正常的交往范围：

亲密距离：近范围是 15 厘米之内；远范围是 15 ~ 44 厘米之间。这是人际交往中的最小间隔，即我们常说的"亲密无间"，彼此间可能肌肤相触，耳鬓厮磨，以至相互能感受到对方的体温、气味和气息。远范围身体上的接触可能表现为挽臂执手，或促膝谈心，仍体现出亲密友好的人际关系。

个人距离：近范围是 46 ~ 76 厘米；远范围是 76 ~ 122 厘米。这是人际间隔上稍有分寸感的距离，已较少直接的身体接触，能相互亲切握手，友好交谈，这是与熟人交往的空间。

社交距离：近范围为 1.2 ~ 2.1 米；远范围为 2.1 ~ 3.7 米。这已超出了亲密或熟人的人际关系，而是体现出一种社交性或礼节上的较正式关系。一般在工作环境和社交聚会上，人们都保持近范围程度的距离。不同的情境、不同的关系需要有不同的人际距离。距离与情境和关系不相对应，会明显导致人出现心理不适感。

公众距离：近范围约 3.7 ~ 7.6 米；远范围在 7 米之外。这是公开演说时演说者与听众所保持的距离。这是一个几乎能容纳一切人的"门户开放"的空间，人们完全可以对处于空间的其他人"视而不见"，不予交往。这个空间的交往，大多是当众演讲之类，当演讲者试图与一个特定的听众谈话时，他必须走下讲台，使两个人的距离缩短为个人距离或社交距离，才能够实现有效沟通。

如果你在渴望社会交往中在保持良好的人际关系的同时，得到更多仰望的眼光，那么就要掌握与人保持适度距离的技巧。距离产生的神秘光环一定会让你更加富有吸引力。

人际交往之始，如何说能让自己鹤立鸡群

熙熙攘攘的人群中，有人虽然飘然而过，却让你久久回首，难以忘记；社交聚会中，每个人都明艳照人，使尽浑身解数博取注意力，而有人却独领风骚，这和他们的说话方式不无关系。

在角色多如牛毛的社会舞台上，总有一些人一出场就能赢得

满堂彩，一抬手、一顿足就能显出与众不同，惹人注目。我们大多数人，仿佛注定了默默无闻，我们的平凡无奇，仿佛是无力改变的。你甘心一辈子只做"绿叶"吗？你难道不想当一回社交圈中的明星，风光一回吗？你难道不想让别人对你过目不忘、艳羡不已而崇拜吗？

以下就是令你轻轻松松"鹤立鸡群"的一些秘诀，只要你真正掌握，并举一反三，就能实现这些愿望。

1.说话时善用手势，令别人对你过目不忘

令别人对你过目不忘的第一秘诀是妙用手势。手势是人际交往中不可缺少的动作，是最有表现力的一种"体态语言"。手势语言，可以使所说的话给人以立体感、形象感，帮助对方理解所说内容；还能强化所要表达的感情，激起对方的共鸣；手势语言还能传达有声语言所不能很好传达的微妙感情，令"一切尽在不言中"；同时，还有助于自己在交谈中做到同步思考。

总之，手势若使用恰当，不仅能很好地表情达意，而且能增加你的社交魅力，突出自己的个性。经研究证明，人们更容易记忆自己亲眼看到的动作，而对听到的声音，则因情、因境、因人各有不同，所以，在说话时巧妙地使用手势，更容易给对方留下深刻的印象，令人对你过目不忘。

恰当地运用手势，可以使你的形象更加生动鲜明，但是，手势的使用应该以帮助自己表达思想为准绳，不能过于单调重复，也不能做得过多。反复做一种手势会让人感觉到你的修养不够，有些神经质；不住地做手势，胡乱做手势，更会影响别人对你说话内容的理解。所以，手势要用得恰到好处，有所节制，否则，就会产生适得其反的作用。

2.谈话时利用记事本，让别人做出"你很成功"的判断

也许，你和同事小王每天做同样的工作，拿同样高的薪酬，取得一样的成绩。可是，不知为什么，小王好像就是比你成功，至少，别人是这样以为的，有时，你也会有同感。为什么呢？原来，"成功"不仅是实质的工作、薪酬和成绩，对别人来说，"成功"更加来自你的社交形象，你在社交中能展示"成功"的一些小细节，而在这些细节表现当中，最具效果的，莫过于随时利用记事本这一道具。

与人约定时间时，我们一般会有两种反应：一种是表示什么时间都可以，而另一种则表示要翻一翻记事本，看看哪个时间可以。常常，对于第一种"友好和善"的人，我们会不置可否；而对于"不近人情"的后者，反而印象深刻，认为对方一定是一个业务繁忙的成功人士。

在人们心目中，成功人士都是很忙的，日理万机，所有的日程一般在几天前就已订好，而且由于所见的人物都非同寻常，要处理的也都是重大事项，不能随便更改。所以，如果你有这些细节表现，人们就会认为你很成功、很能干。

事实上，"成功"人士就算知道自己某一天有空闲，在与人约定时间时，也会掏出记事本装作要确定自己那天是否有时间，

以使对方对他的"业务繁忙"、"事业成功"产生很深的印象。而且，边看记事本边约定时间，还可以给对方留下做事谨慎、重约守信的好形象。

当我们看到写满姓名、电话、地址及预定行程的记事本时，往往会被它吓一跳，并自然地产生这个人交际很广、工作能力很强的印象。同样，善用这一道具，我们也可以令别人对我们产生这种印象。需要注意的是，要自然随意地拿出，不能过于做作，让别人看出是在"作秀"。

3.令你魅力倍增的说话方式

急事，慢慢地说。

遇到急事，如果能沉下心思考，然后不急不躁地把事情说清楚，会给听者留下稳重、不冲动的印象，从而增加他人对你的信任度。

小事，幽默地说。

尤其是一些善意的提醒，用句玩笑话讲出来，就不会让听者感觉生硬，他们不但会欣然接受你的提醒，还会增强彼此的亲密感。

没把握的事，谨慎地说。

对那些自己没有把握的事情，如果你不说，别人会觉得你虚伪；如果你能措辞严谨地说出来，会让人感到你是个值得信任的人。

没发生的事，不要胡说。

人们最讨厌无事生非的人，如果你从来不随便臆测或胡说没有的事，会让人觉得你为人成熟、有修养，是个做事认真、有责任感的人。

做不到的事，别乱说。

俗话说"没有金刚钻，别揽瓷器活"。不轻易承诺自己做不到的事，会让听者觉得你是一个"言必信，行必果"的人，愿意相信你。

伤害人的事，不能说。

不轻易用言语伤害别人，尤其在较为亲近的人之间，不说伤害人的话。这会让他们觉得你是个善良的人，有助于维系和增进感情。

伤心的事，不要见人就说。

人在伤心时，都有倾诉的欲望，但如果见人就说，很容易使听者心理压力过大，对你产生怀疑和疏远。同时，你还会给人留下不为他人着想，想把痛苦转嫁给他人的印象。

别人的事，小心地说。

人与人之间都需要安全距离，不轻易评论和传播别人的事，会给人交往的安全感。

自己的事，听别人怎么说。

自己的事情要多听听局外人的看法，一则可以给人以谦虚的印象，二则会让人觉得你是个明事理的人。

尊长的事，多听少说。

年长的人往往不喜欢年轻人对自己的事发表太多的评论，如果年轻人说得过多，他们就觉得你不是一个尊敬长辈、谦虚好学的人。

4. 令你魅力倍增的说话主题

谈谈梦想。假如你对别人说："我希望将来能住在国外，最好在澳大利亚买一个农场……"虽然有人会觉得你幼稚无知，但多数人都会觉得你天真可爱，充满了浪漫的生活情趣。

假如你的梦想不只是超现实的幻想，而且是你的人生目标和事业规划，那别人就会觉得你这个人不同寻常，拥有远大目标，总有一天会梦想成真、出人头地。而且，与有梦想的人在一起，人们也会感染他们的积极、乐观和热情，因此，也会乐于和他们接近、交往。

来点幽默。具有幽默感，不仅能给你的事业带来极大的好处，而且会使你的形象更有魅力。幽默可以消除紧张情绪，创造一种轻松愉快的工作氛围，从而使你的事业更为成功。它同样也是塑造完美社交形象的一个因素，每当面临人际选择时，绝大多数人都愿意与那些有幽默感的人打交道。

在当今社会中，竞争异常激烈，人际关系日趋复杂，人们的压力和紧张情绪比任何时候都明显，许多人灰心丧气、精神抑郁。在这种时候，幽默感就显得越来越重要。如果你天生就有幽默感，那一定要发扬它，这会令你的社交魅力倍增，人们因此乐于与你共事。

用流行语为你的开场添姿着色

开场白借助健康的、富于生命力的"流行语"，可以使你更潇洒地与人交谈，使你更顺利地办事。

在日常谈话、交往活动中，恰到好处地使用流行语可以起到多方面的作用。

1.可丰富、更新自己的谈话色调

一个人的谈话色调既包括话题、语调、声音的选择，也指词句的筛选与锤炼。现实生活中有些人与别人交谈时老是一种腔调，老运用一些自己重复多遍、陈旧蹩脚的词句、口头禅，毫无新鲜明朗的气息，给人的感觉是迂腐而沉闷，如鲁迅笔下的孔乙己，"之乎者也"不断；又像电视剧《编辑部的故事》中的牛大姐，官腔套话不离口。跟上时代的步伐，注意吸收、运用流行的词句，可以使自己的谈吐变得丰富多彩，永远保持谈话色调的生机、活力，使话语常讲常新。

2.可沟通联系，赢得别人好感

愉快顺利的交谈活动，往往离不开流行语的使用。比如称呼别人，以前多是"师傅"、"同志"，现在多用"女士"、"先生"、"小姐"，这样更能增强谈话双方的亲近感、尊敬感，使交谈始终处于自如轻松的状态，不致因过于拘谨、正儿八经而影响沟通，引起别人反感。

3. 可调色逗趣，增添生活情趣

生活是五彩斑斓的万花筒，人们常在一起聊天、玩笑，少不了流行语的点缀。一位学生挤到一群同学堆里，发现一位女生新穿了一件连衣裙，故意惊呼道："哇！真 3.14!"这 3.14 是圆周率 π，与流行语"派"谐音，因此立刻博得大家一阵欢心的大笑。

或许有人会问流行语是怎么来的？其实，流行语不是哪位名人或语言学家创造发明出来的，我们每个人都可以留心于生活，留心于别人的言谈，并借鉴发挥，推陈出新，启动灵感，随口说出。平时不妨从以下几个方面去搜集学习。

1. 电视电影里学

当代影视与人们的生活愈来愈贴近，不少精彩对白、主持人的即兴妙语、广告好词令人赞叹不绝，我们可以从中借鉴。比如有人劝朋友看一个展览："去看看吧，不看不知道，展览真奇妙！"显然这里仿用了"正大综艺"主持人的开场语。

2. 从流行歌曲中学

许多流行歌曲不但能唱出人们的真情、心声，而且歌词通俗，生活气息浓。某男士谈恋爱，刚接触对方，生怕对方看不中自己的外表，灵机一动，说道："我知道我很丑，可是我很温柔。"他妙用了赵传的一首歌名，很快赢得姑娘的好感。再如"我真的不是故意的"、"你知道我在等你吗"等，结合讲话的场合、语境、心境，信手拈来，适时穿插，一定情趣盎然。

3. 从报刊用语里学

如某报上曾有一篇题为《检察机关浑身是眼》的文章，某位善谈者巧借活用，与人评论小偷："他浑身是手，什么不偷？"提醒误入情网的朋友："别理她，她浑身是胶，粘住了，你还了得？"假如有人蒙受不白之冤，事过境迁，真假莫辨，多次申诉，也得不到解决，怎么跟人说？"嗨！你就是浑身是嘴，也说不清呀！"

第六章

人人都爱被夸，赞美是
开启聊天的万能钥匙

赞美的话要发自内心

如果你的赞美之辞不是发自于内心的，那么，你的赞美很难达到预期的功效。

赞美别人就是发现别人的美，并且用恰当的语言表达出来。赞美的语言稍微夸张一点是可以的，但是倘若言过其实，便会让人怀疑你赞美的诚意和动机了。

有这样一个人，在单位里经常赞美同事，见到领导时，赞美的话更是滔滔不绝。见到身材魁梧的领导，他就说："一看就知道您是有福之人啊！"当见到秃顶的领导时，他就说："贵人不顶重发，聪明绝顶啊！"这些话倒是不伤大雅，倒还能让领导开心，只是有一次，因为他过分夸大的赞美言词让领导对他有了重新的认识。

某领导在应酬时，酒喝多了，走路时一不小心摔了一跤，这时，这位经常赞美领导的"赞美家"赶紧过来扶起领导，嘴里说道："领导为了工作，连自己的身体都不顾了，就算是喝出胃出血也没有任何怨言。"喝醉了酒的领导一听到有人这样"赞美"自己，一下子就火了，指着这位时时不忘赞美领导的人破口大骂：

"你到底会不会说话，你那是称赞我吗？你是盼着我死吧？"这次，平日伶牙俐齿的他再也说不出任何赞美之词了。

他的赞美之所以得不到听者的认可，是因为他的赞美之词不是发自内心的赞美。在他的赞美中，有很重的趋炎附势、惺惺作态的成分。这样的赞美是无法打动人心的。

小王是建筑公司的拆迁办主任，在拆迁工作顺利进行的时候，一家钉子户使拆迁工作不得不停下。小王了解了这家的基本情况后得知，这家的主人是一名曾参加过抗美援朝的老军人，他之所以不肯搬家，是因为这套四合院是在他光荣离休后政府赠与他的。

随后，小王亲自拜访了这位老人。他进入到老人的书房，看见墙上都是老人身穿军装的照片，不由得说道："您老年轻时一定是名强悍的军人。因为我在您身上仿佛见到了你当年奋勇杀敌的勇猛和果断。"老人没有做声。小王继续说："我小的时候就愿意和我爷爷在一起，他总有许多战场上的故事可以讲，后来他年纪大了，有的故事甚至都讲 20 遍了，可是每次他像是第一次讲一样，眼中充满了激动的泪水。我想您所知道的故事一定和我爷爷知道的一样多，甚至比他的还多。而这其中的辛酸不易，我想只有您自己体会得最深刻了。"

说到此，小王起身说道："老先生，打扰您这么久，真是对不住啊！"说完他就走出了屋子，往大门外走去。当他即将迈出大门时，老人在背后喊道："明天过来时把拆迁的公文带来，让我好好瞅瞅。"小王心里的大石头终于落了地，老人要看公文，证明拆迁的事情有戏了。

从头至尾，小王只字未提拆迁的事，只是和老人聊了会家常话。其实，正是小王的家常话打动了老人。小王称赞老人勇敢，称赞老人阅历丰富，这都是发自于内心的赞美。他的赞美之词在老人的心中也激起了层层涟漪。因为小王真诚的赞美，打开了老人的心房。

有的人非常吝啬对他人的赞美，认为那是阿谀奉承的表现，是令人不齿的做法，然而人人都喜欢听到他人的赞美，都以得到他人的赞美为荣。因为，如果能得到别人的赞美，说明自己的行为得到了他人的认可，对赞美他的人自然就会产生好感。无论何时，赞美都拥有神奇的力量，能帮助他人走出困境，是交际中最有效的手段之一。发自内心的赞美，是任何人都喜爱的。

有些人不是出自真心而是随大流，跟着别人说重复的赞美话，或者附和别人的赞美，这会引起对方的反感。因为这样的赞美会令对方认为你是在溜须拍马。

哈佛大学弗尔帕斯教授经历过这样一件事：有一年夏天，天气又闷又热，他走进拥挤的列车餐车去吃午饭，当服务员递给他菜单的时候，他说："今天那些在炉子边烧菜的小伙子一定是够受的了。"那位服务员听了后吃惊地看着他说："上这儿来的人不是抱怨这里的食物，便是指责这里的服务，要不就是因为车厢内闷热而大发牢骚。19年来，你是第一个对我们表示同情的人。"

总能找到赞美的理由

我们常会碰到一些难缠的人，讲道理不听，软说强求也无效，而且有时他还对你抱有一种固执的敌意。对这样的人你肯定不会去赞美他。然而此时此刻，恰恰只有赞美才能解开这个死结。

费城华克公司的高先生懂得从对方身上找到赞美的理由，借由赞美达到自己的目的。

华克公司承包了一幢办公大厦的建筑工程，必须在合同规定的日期内完工。开始一切顺利，眼看工程就要完工了，突然负责供应楼内装饰材料的供应商声称，他不能按期交货。如果这样，整个工程都将受到影响，不能按期交工，公司的麻烦可就大了。

高先生于是去找这个供应商。高先生径直走进那家公司董事长的办公室，但是高先生并没有责备对方，而是从赞扬开始，他说对方的姓在这个地区是独一无二的。这让那位董事长很意外，也打开了话匣，他用了很长的时间谈论他的家族及祖先。等他说完了，高先生又恭维他一个人支撑那么大一个公司，并且比其他同类公司生产的铜制品都好。于是董事长坚持要请高先生吃饭。在吃饭的过程中高先生又说了一些其他的事情，始终没说来访的目的。

午饭后，还是那位董事长主动提到了实质问题，由于高先生给他带来了很多的快乐，董事长答应按合同交付产品。

高先生甚至没有提出要求就达到了目的。那些材料准时送到，他们也按期交工。

找到赞美的理由，从赞扬和欣赏开始更容易说服他人。做鱼有腥味，可以加料酒去腥，肉骨头炖不烂，可以滴几滴醋，这些都是一物降一物的道理。在追求成功的道路上，善用这个道理的人，事半功倍，不善用这个道理的人，吃力不讨好。

柯达公司创始人伊斯曼，捐出巨款要在罗彻斯特建造一座音乐堂、一座纪念馆和一座戏院。为承接这批建筑物内的座椅，许多制造商展开了激烈的竞争。但是，找伊斯曼谈生意的商人无不乘兴而来，败兴而归。在这样的情况下，优美座位公司的经理亚当森前来会见伊斯曼，希望能够得到这笔价值9万美元的生意。

伊斯曼的秘书在引见亚当森前，就对亚当森说："我知道您急于得到这批订货，但我现在可以告诉您，如果您占用了伊斯曼先生5分钟以上的时间，您就完了。他是一个很严厉的大忙人，所以您进去后要快快地讲。"亚当森微笑着点头称是。

亚当森被引进伊斯曼的办公室后，看见伊斯曼正埋头于桌上的一堆文件，于是静静地站在那里仔细地打量起这间办公室来。过一会儿，伊斯曼抬起头来，发现了亚当森，便问道："先生有何见教？"秘书把亚当森做了简单的介绍后，便退了出去。这时，亚当森没有谈生意，而是说："伊斯曼先生，在我们等您的时候，我仔细地观察了您这间办公室。我本人长期从事室内的木工装修，但从来没见过装修得这么精致的办公室。"

伊斯曼回答说："哎呀！这间办公室是我亲自设计的，当初刚建好的时候，我喜欢极了。但是后来一忙，一连几个星期我都没有机会仔细欣赏一下这个房间。"

亚当森走到墙边，用手在木板上一擦，说："我想这是英国橡木，是不是？意大利的橡木质地不是这样的。"

"是的，"伊斯曼高兴得站起身来回答说，"那是从英国进口的橡木，是我的一位专门研究室内橡木的朋友专程去英国为我订的。"

伊斯曼心情极好，便带着亚当森仔细地参观起办公室来了。他把办公室内所有的装饰一件件向亚当森做介绍，从木质谈到比例，又从比例谈到颜色、从手艺谈到价格，然后又详细介绍了他设计的经过。此时，亚当森微笑着聆听，饶有兴致。

亚当森看到伊斯曼谈兴正浓，便好奇地询问起他的经历。伊斯曼便向他讲述了自己苦难的青少年时代的生活，母子俩如何在贫困中挣扎的情景，自己发明柯达相机的经过，以及自己打算为社会所做的巨额的捐赠。亚当森由衷地赞扬他的功德心。

本来秘书警告过亚当森，谈话不要超过5分钟。结果，亚当森和伊斯曼谈了一个小时又一个小时，一直谈到中午。最后伊斯曼对亚当森说："上次我在日本买了几张椅子，放在我家的走廊里，由于日晒，都脱了漆。昨天我上街买了油漆，我打算自己把它们重新漆好。您有兴趣看看我的油漆表演吗？好了，到我家里和我一起吃午饭，再看看我的手艺吧。"午饭以后，伊斯曼便动手，把椅子一一漆好，并深感自豪。直到亚当森告别的时候，两人都未谈及生意。最后，亚当森不但得到了大批的订单，而且和伊斯曼结下了终生的友谊。

夸人要夸到点子上

把话说在点子上，往往能收到意想不到的效果，而夸人夸到在点子上，更会令对方喜出望外。

赞美是人们生活中不可或缺的生活调味剂，有了它，人与人之间的距离则会变得越来越近。如果要消除两人间的隔阂，真心地赞美对方是你最理想的方法。

但如果我们的赞美没有针对性，没有赞美到点子上，那么很可能会引起对方的厌恶。

当你与年老的长者交谈时，可以多称赞他引以为豪的过去，因为老年人一般都希望别人能够记住他当年的业绩和往日的雄风；当你与年轻人交谈时，不妨语气稍为夸张地赞扬他的创造才能和开拓精神，并举出几点实例证明他的确能够前程似锦；当你与商人交谈时，可以称赞他头脑灵活，生财有道；当你与知识分子交谈时，可以称赞他知识渊博、宁静淡泊。当然，这一切要依据事实，切不可虚夸。

因为恭维过度，会让人觉得你是在阿谀奉承、拍马溜须。

所以，在赞美别人时一定要善于寻找到对方最希望被人赞美的地方。

云莉从升入大学的第一天，就被同学们评为"班花"。云莉自己也知道，从小到大她听到的称赞最多的就是关于她漂亮的外表，对于这样的赞美，云莉是感觉有点儿"疲劳"了。其实在她内心深处最希望听到别人说她"有才华，将来肯定会有所成就"。云莉的男朋友就是靠着"别具一格的赞美"才赢得了她的芳心。"在我身上，他总能发现别人发现不了的优点。"云莉开心地说。

由此可见，赞美就得"赞美"到点子上。这样的赞美才不会给人虚假和牵强的感觉，这样的赞美往往会使对方听来十分亲切真实，使对方产生一种遇到"知音"的感觉，从而增进友谊，缩短彼此间的距离。

巧说赞美之词助你成事

恰如其分地称赞别人，绝不可夸大其词，只有这样才能赢得别人的信任和好感。

办事过程中，要想顺利地将一件事办好，必不可少的就是适当的赞美。赞美的话谁都会说，但是能否说得巧妙、自然，让对方从内心产生认同，心甘情愿地助自己成事，这里面就有一定的学问了。

美国黑人富豪约翰逊要修建一幢办公楼，但在资金上还有300万美元的空缺，他出入多家银行都没有贷到这笔款。

建造开工后，到所剩的钱仅够花一个星期的时候，约翰逊终于找到了一家银行肯贷款给他，但是他还有一个要求，就是当天就要拿到贷款，银行主管却对约翰逊说："你一定在开玩笑，我们从来没有在一天之内就办妥的事的先例。"

约翰逊稍一沉思，回答："你是这个部门的主管。也许你应该试试看你有无足够的权力把这件事在一天之内办妥。"

这样一下子就挑起了对方的好胜心，这个银行主管试过以后，本来他说办不到的事终于办到了，约翰逊也如愿以偿地拿到了这笔贷款。

这类似激将法，是一种隐蔽的赞美方法，就像你说："这件事对你来说简直是小菜一碟"，这时，即使对方办到这件事有一定的难度，他也不会直接告诉你："我做不到"，而是想办法达到你的期望，以免被你看扁，这是人们普遍存在的虚荣心。

比尔·派克是佛罗里达州得透纳海滩一家食品公司的业务员，他对公司新出的系列产品感到非常兴奋；但不幸的是，一家大食品市场的经理取消了产品陈列的机会，这令比尔很不高兴。他对这件事想了一整天，决定下午回家前再去试试。

他说："杰克，我今天早上走时，还没有让你真正了解我们最新系列的产品，假如你能给我些时间，我很想为你介绍我漏掉的几点。我非常敬重你有听人说话的雅量，而且非常宽大，当事实需要你改变时你会改变你的决定。"

杰克能拒绝再听他谈话吗？在这个必须维持的美誉之下，他是没办法这样做的。

办事过程中，要使赞美的语言产生效果，除了注意一些技巧外，更重要的是有一份诚挚的心意及认真的态度，不要轻易草率地发表看法。即使是赞美一个人也不要太夸张离谱，否则就变成了谄媚，对方也会觉得你很虚伪。

赞美要具体

赞美可以是抽象的，也可以是具体的，然而抽象的赞美远没有具体的赞美来得实在，具体的赞美也更易为人所理解和接受。

抽象的东西往往很难确定它的范围，难以给人留下深刻印象。赞美应该是看得见、摸得着的，是具体的。

赞美的话只有说得细致具体、符合实际，才能让对方感觉到你是在真心地关注他。空洞的赞美不但没有任何意义，还会让对方觉得你是在敷衍他。

在赞美别人的时候，千万不要使用模棱两可的表述，像"挺好"、"没那么糟"这样的话都不要用。含糊的赞美往往起不到应有的作用，而且还会适得其反。因此，在与人交往的时候，应该从具体事件入手，善于发现别人哪怕是最微小的长处，并不失时机地予以赞美。

赞美越具体越好，这样可以说明你对对方非常了解，对他的长处和成绩很看重，让对方感到你的真挚、亲切和可信。比如你的同事今天穿了一件新衣服，打扮得很漂亮，你如果仅仅是说"你今天很漂亮"，效果显然会比"这件连衣裙真是不错，尤其是和你的气质特别搭配"差很多。

当你只针对一件事情进行赞美时，赞美会更有力量。赞美的对象越庞杂，它的力量就越弱。因此，在赞扬别人时，要针对具体的某一件事情。例如，我们在社交场合，常听到的赞美不外乎"你今天好漂亮"、"你看起来气色很好"等话语，这些赞美太过含糊笼统，会使你的赞美大打折扣。

1975年3月4日，卓别林在英国白金汉宫被伊丽莎白女王封为爵士。封爵仪式开始，正当卓别林非常兴奋的时候，女王赞美卓别林说："我观赏过你的许多电影，你是一位难得的好演员。"

可是这位伟大的艺术家似乎对这个赞美并没有什么特别的感觉。

事情过后，有人向卓别林询问当时的感想。可是，卓别林的回答令人大吃一惊："女王陛下虽然说她看过我演的许多电影，并称赞我演得好，可是她没说出哪部电影的哪个地方演得最好。"

当女王知道了卓别林这样说后，感到非常遗憾。

从这个故事中，我们可以看出，如果赞美别人就得说出具体的事实，尽量针对某人做的某件具体的事情，这样才会产生良好的效果。

美国社会心理学家海伦·克林纳德认为：正确的赞美方法是将赞美的内容详细化、具体化。其中有三个基本因素需要明确：你喜欢的具体行为，这种行为对你有何帮助，你对这种帮助的结果有无良好的感觉。有这三个基本因素为依托，赞美才不会空泛笼统，才能给人留下好印象。

赞美对方就要先了解对方，了解得越多越好。只有了解对方，你的夸奖和赞扬才会有针对性。只有当你的话说到了点子上，才会让对方感受到你的真心。一般情况下，对方不仅仅想要你说他好，而且很想知道为什么说他好，好到什么程度。

倾听是对讲话者的高度赞美

赞美他人我们往往用的是语言。其实倾听也是对讲话者的高度赞美与恭维。

倾听不仅是一种对别人的礼貌与尊重，也是对讲话者的高度赞美与恭维。每个人都希望获得别人的尊重，受到别人的重视。当我们专心致志地听对方讲，努力地听，甚至是全神贯注地听时，对方一定会有一种被尊重和受重视的感觉，双方之间的距离必然会拉近。所以，懂得倾听可能会直接决定你要办的这件事能否成功。

经朋友介绍，重型汽车推销员乔治去拜访一位曾经买过他们公司汽车的商人。见面时，乔治照例先递上自己的名片："您好，我是重型汽车公司的推销员，我叫……"

才说了不到几个字，该顾客就以十分严厉的口气打断了乔治的话，并开始抱怨当初买车时的种种不快，例如，服务态度不好、报价不实、内装及配备不对、交接车的时间等待得过长……

顾客在喋喋不休地数落着乔治的公司及当初提供汽车的推销员，乔治只好静静地站在一旁，认真地听着，一句话也不敢说。

终于，那位顾客把以前所有的怨气都一股脑地发泄了。当他稍微喘息了一下时，方才发现，眼前的这个推销员好像很陌生。于是，他便有点不好意思地对乔治说："小伙子，你贵姓呀，现在有没有一些好一点的车种，拿一份目录来给我看看，给我介绍介绍吧。"

当乔治离开时，已经兴奋得几乎跳起来，因为他的手上拿着两台重型汽车的订单。

从乔治拿出产品目录到那位顾客决定购买，整个过程中，乔治说的话加起来都不超过 10 句。重型汽车交易拍板的关键，由那位顾客道出来了，他说："我是看到你非常实在、有诚意又很尊重我，所以我才向你买车的。"

只是几分钟的倾听，就做成了一笔业务，这就是倾听的魅力。

玫琳凯·艾施在《玫琳凯谈人的管理》一书中，就曾对倾听的影响做了如此说明："我认为不能听取别人的意见，是自己最大的疏忽。"

玫琳凯经营的企业能够迅速发展成为拥有 20 万名美容顾问的化妆品公司，其成功秘诀之一就是她相当重视每个人的价值，而且很清楚地了解员工真正需要的除了金钱、地位外，还有一位真正能"倾听"他们意见的知心人。因此，她严格要求自己，并且让所有的下属铭记这条金科玉律：倾听，是最优先的事，绝对不可轻视倾听的作用。

所以，当你说话办事时，不要一味地只顾着表达自己的想法和观点，留一点时间给别人，沉静下来听别人说一会儿话，你的倾听会给你带来更多的收获。

赞美要自然

每个人都不会拒绝别人真诚的赞誉之词，而我们在赞美人时也要表现得自然。

在人与人的交往中，任何人都喜欢被人赞美、奉承。事实上，面对别人自然的赞美，相信世界上没有人会无动于衷。

在尼克松为法国总统戴高乐举行的宴会上，尼克松夫人费了很大的心思布置了一个鲜花展台：美丽的喷泉旁是一张马蹄形的桌子，鲜艳的热带鲜花在阳光的照射下显得娇艳无比。

戴高乐将军一眼就看出这是主人为欢迎他而精心制作的，不禁赞不绝口："女主人真是用心，这么漂亮、雅致的计划与布置一定花了很多时间吧。"尼克松夫人听后，觉得非常开心。

也许在其他人看来，尼克松夫人布置的鲜花展台不过是她作为一位总统夫人的分内之事，没什么值得赞美的；但戴高乐将军却能领悟到她的苦心，并向夫人表示了特别的肯定与感谢，从而也使尼克松夫人异常高兴。

赞美是打开心门的钥匙，它不但会把老相识、老朋友团结得更加紧密，而且可以把互不相识的人连系在一起。

戴维和法拉第二人的友谊至今仍被世人所称道。虽然有一段时间，法拉第的突出成就引起戴维的嫉妒，但这份情缘的取得少不了法拉第对戴维的真诚赞美这一原因。法拉第未和戴维相识前，就给戴维写信："戴维先生，您的讲演真好，我简直听得入迷了，我热爱化学，我想拜您为师……"

收到信后，戴维便约见了法拉第。后来，法拉第成了近代电磁学的奠基人，名满欧洲。

无论如何，任何赞美的话都一定要切合实际。赞美要看对象：像爱漂亮的女孩子你就赞美她的打扮，有小孩的母亲最好赞美她的小孩，工作型的女孩可赞美她的工作能力；至于男人，最好赞美他的实力。到别人家做客，可赞美其房子布置得别出心裁，或赞美一个盆景的精巧或去欣赏那些鱼的美丽；等等。

当你自然真诚地赞美了对方后，对方表现出满意的态度时，你的赞美就成了促进你与主人关系的润滑剂。

男人与女人，不同的赞美

人们都说女人是用耳朵来生活的，赞美是女人生命中的阳光。其实，男人也一样，他们一样喜欢听到他人对自己的肯定和赞美，因为这会让他们有一种价值感，并由此充满自信。

人人都渴望被别人赞美，但男人和女人的需要是不同的。

男人要面子、好虚荣，多表现在追逐功名、显示能力、展示个性以显潇洒和能人之形象方面，而女人则表现在对容貌、衣着的刻意追求或身边伴个白马王子以示魅力方面。

男人要面子、好虚荣，他们对此毫不遮掩，有时甚至坦率得令人吃惊，而女子则总是遮遮掩掩、羞羞答答。

女性对于面子、虚荣还有几分保留，而男子则是全力以赴去追求面子，好似他的人生目的就是追求面子一般。

男人的面子千万不要去伤害、破坏，否则便万事皆休一切都了一友谊中断，恋爱告吹，生意不成，升官无望，职称泡汤。

因此赞美他人时也要见什么人说什么话。

比如，赞美一个女人漂亮就大有学问。对于容貌绝佳的女性，她已习惯了别人的赞叹，不妨用些新颖的方式，如用比喻去赞美她；对于一个明显较丑的女性，如果你虚假地夸赞她的容貌，她会认为你在讥讽她，而引起她的反感。你最好是去发掘她的气质、能力或性格；而普通的女性是最需要赞美的，因为她身上也有美，并且也最向往美，最渴望被人肯定。

你可以赞美女人的修养。有许多女人，虽然长得漂亮，但是缺乏修养，没有内涵，稍一相处，便会让人感到俗不可耐。因而，花瓶式的女人虽然可赢得一时的赞美，却不能使男人长久地爱慕她，更无法获得男士的尊敬，而一种好的气质，则可以使一位非常普通的女人变得十分迷人，令人心驰神往。因为一个人的修养是一种内在美、精神美、升华美，它可以永久地征服一个男人的心。

作为男人更要会赞美女人。能够做到张口也赞闭口也赞，这样，你才能在女人面前受欢迎，使你魅力无穷。

男人赞美女人是对女人价值的肯定，更是对女人魅力的一种欣赏。在男人眼里，女人身上总有美丽动人之处，或者是皮肤细腻，或者是身材苗条，或者是眉目含情，或者是穿着得体。所以你一定要善于去发现、去捕捉她的美。许多女人都会对自己的缺憾有所了解，但她们却十分了解自己的最动人之处，只要你能慧眼独具，赞美得体，你一定会博得她的赏识与青睐。

现在注重个性，夸赞一个女人有个性已成了一种时尚。固执的性格可当此人有个性来赞，孤傲的性格也可以用有个性来赞，像男人一样不拘小节，有些泼辣的女性也能用有个性来赞。只要是稍稍区别于大众的性格，你用个性二字来赞她，无论是哪种女性，她都会觉得你这个人很有品位。

最后，谈一谈女人的能力。现代社会，在各种事业中女人都表现出了她非凡的能力。她们不仅能把自己分内的事完成得十分得体，还会凭她们细心的洞察力去发掘工作中出现的问题，把各部门的事情都安排得十分妥当，有时的工作能力大大地超越了男性。而女人在取得很大的成就时，她是需要被这个社会所肯定的。她们希望这个社会能认同自己，肯定自己的能力，也希望在男人眼中她们不再是处处依附于男人的人，而是能够独当一面，把事情处理得完美无瑕有能力的人。于是，她们就需要男人的赞美，希望自己所做到的，能够得到男人的认同与赏识。如果你是她的老板，上司，或是同事，你可千万别忽视她的业绩，常常激励她、赞美她，换取她更大的工作积极性吧。

除此之外，生活中女人们的能力也值得你一赞。日常家务，如烧饭做菜，收拾房间，照顾孩子，这些虽是一些细小的事情，但却能表现出女人的动手能力，审美能力，教育能力。只要你在日常生活中也不忘记赞美一下女性，你定会得到女性们一致的好评。

最后要记住的是，女人喜欢甜言蜜语，但并非是喜欢太过花哨的话，所以赞她时多用些实际的语言，不用刻意去修饰，不然会让人觉得你很肤浅。

人们都说女人是用耳朵来生活的，赞美是女人生命中的阳光。其实，男人也一样，他们一样喜欢听到他人对自己的肯定和赞美，因为这会让他们有一种价值感，并由此充满自信。可以说，恰到好处的赞美是打在男人身上的一剂强心剂。你可以从以下几个方面来打造对男人的赞美之词：

1. 赞美他是成功的男人

由于传统社会对男性角色的定位—成家立业者，使得男人非常在乎自己在别人心目中的形象，任何人对他的工作作出的评价都会让他反应敏感。因此，无论男人从事的是怎样的工作，他都希望能得到别人的认同。

不过你得注意，不管一个男人有多成功，多得意，他内心深处最渴望的还是别人的理解和关怀。一般的理解和关怀都是无可厚非的，可一定要注意把握"度"的原则。过犹不及，说得太夸张、太过分、太直白就会被人当成追逐名利、爱慕虚荣的女人，会成为男人心底讨厌的势利女人。因此，即使是赞美，也要掌握分寸。通常从以下几个方面入手来赞美别人，是比较容易被接受，而且会收到预期效果的。

首先，在赞美男人的同时，注意表达关心与体贴。关心与体贴是女人善良天性的表现，也是女人细腻温柔的体现。女人的关心，有如吹面而过的柔和的春风，又如沁人心脾的淡淡花香，会在不知不觉中悄悄渗入男人的心灵之中，融化他们的心怀。男人们最喜欢的是那种会关心、会体贴、善解人意的女人，女人的关心和温柔会让男人从心底感激她。以前，曾有人这样赞美过别人：

"张老师，您那本书写得真好，没少花工夫吧？您可得注意休息了，瞧您现在比以前瘦多了。"

"刘总，这么大的工程，您一个人给搞定了，可真了不起！不过您可要注意身体呀，别光为了工作，累坏了自己。"

这些又温馨又充满敬仰与关切的语句，怎么能让男人不动心，不打心底感激，不视女人为自己的好友呢？

其次，在赞美男人的时候，恰当地表达出崇拜的思想。不管男人还是女人，都希望有人崇拜自己，都希望被人用尊敬、仰视的眼光看待，这也是人之常情。被人崇拜是无法拒绝的，被人崇拜意味着对"自我"的肯定，是一种人生价值的体现。对一个春风得意的人来说，他最自豪的是"自我"，也就是他的成功之源。

最后，别忘了在赞美的同时予以鼓励。一个女人鼓励一个男士，既是对他过去的肯定，对他以前创业生涯的一种肯定，又是对他未来充满信心的一种表现。人在任何情况下都是希望有支持和鼓励的，人不仅对自己有信心，更需要别人对自己有信心。现在的社会，竞争激烈，压力大，成功是需要付出很大代价的。一个成功的、春风得意的男士，即使在一定程度上达到了自我价值的展现，但也还是需要鼓励的，尤其需要别人对他有信心。

还有一些男士，春风得意的时候，往往会在别人的一片颂扬声中沾沾自喜、自高自大、忘乎所以，而女性的委婉的激励，有时就像一剂良药，给头昏脑热的春风得意者一点不动声色的提醒，进一步激发起他的冷静和投入下一次竞争的热情。

2. 赞美他是一位绅士

所谓风度，是男人在言谈举止中透出的一种味道。不要以为男人真的是散漫随意、潇洒不羁，其实他们是很在乎别人对自己举止的评价。曾经有一位女友说起她和男友分手的原因，只因为她在一次朋友聚会上调侃了男友的局促，就大大伤了对方的自尊心，扔了句："既然你认为我没风度，那么分开好了。"

事实也如此，行动比语言更有说服力，只有当女方对对方的举止言谈很满意、很欣赏时，女方才会爱上他。而在这方面赞美男人的聪明之道，也是拿他和别的男人比较，表现出你的欣赏。一位范先生说："有一次，我和女友乘出租车，下车后我替她打开车门，她说她以前遇到的男人从不知道什么是绅士风度。这句话极大地满足了我的自尊心，也让我觉得自己是个很受欢迎的男人。"

3. 赞美他仪表堂堂

许多男性承认，他们在关注女人闭月羞花之貌的同时，也希望自己貌比潘安。但是同样因为社会角色定位，男人特别害怕女人把他们当做绣花枕头，因而他们对女人对他们外在形象的夸赞是特别敏感的，让女人兴奋的"你长得真漂亮"、"你穿得真好看"之类的话，会让男人觉得特别不舒服，按他的理解，这里透着一种嘲讽，好像说："你有些娘娘腔，你怎么像女人一样爱打扮。"

所以说，要真的想对男人表达你对他外形的欣赏，还需审时度势。但你可以对他的某个部位作出较高的评价，例如，你的鼻子好有个性等。

另外，在赞美一个男士的时候，有一点特别忌讳的是，不要当着这位男士的面大肆指责他的竞争对手，这样做也许当时能让这位春风得意的男士十分高兴，但过后，他就会清楚地意识到这种以贬低一个人来衬托另一个人的手法是多么的笨拙，并且让人感到的只是巴结和恭维。所以，建议那些想要锦上添花的朋友，一定要注意，添花要小心，要把握好分寸，不要搞出笑话来，以免遭人反感。

给他最想要的赞美

有的时候并不是什么伟大举动才值得让人赞美，相反一些微乎其微的小事别人会期望得到你的肯定和称许。

在一个人所走过的人生道路中，有无数让他们引以为自豪的事情，这些都是一个人人生的闪光点。这些东西又会不经意地在他们的言谈中流露出来，例如，"想当年，我在朝鲜战场上……"，"我年轻的时候……"，等等。对于这些引以为荣的事情，他们不仅常常挂在嘴边，而且深深地渴望能够得到别人由衷的肯定与赞美。对于一位老师而言，引以为荣的往往是由他授过课的学生在社会上很有出息，你为了表达对他的赞美，不妨说："您的学生 ×× 真不愧是您的得意门生啊！现在已经自己出书了。"对于一位一生都默默无闻的母亲，引以为荣的往往是她那几个有出息的孩子，你如果对她说："你有福气啊，两个儿子都那么有出息。"她一定会高兴不已。对于老年人来说，他们引以为荣的往往是他们年轻时的那些血与火的经历。

真诚地赞美一个人引以为荣的事情，可以更好地与之相处。

乾隆皇帝喜欢在处理政事之机品茶，论诗。对茶道颇有见地，并引以为荣。有一天，宰相张廷玉精疲力竭地回到家刚想休息，乾隆忽然来访，张廷玉感到莫大的荣幸，称赞乾隆道："臣在先帝手里办了13年差，从没有这个例，哪有皇上来看下臣的！真是折煞老臣了！"张廷玉深知乾隆好茶，命令把家里的隔年雪水挖出来煎茶给乾隆品尝。乾隆很高兴地招呼随从坐下，"今儿个我们都是客，不要拘君臣之礼。坐而论道品茗，不亦乐乎？"水开时，乾隆亲自给各位泡茶，还讲了一番茶经，张廷玉听后由衷地赞美道："我哪里晓得这些，只知道吃茶可以解渴提神。一样的水和茶，却从没闻过这样的香味。"李卫也乘机称赞道："皇上圣学渊深，真叫人瞠目结舌，吃一口茶竟然有这么多的学问！"乾隆听后心花怒放，谈兴大发，从"茶乃水中君子、酒乃水中小人"开始论起"宽猛之道"。真是妙语连珠，滔滔不绝，众臣洗耳恭听。乾隆的话刚结束，张廷玉赞道："下臣在上书房办差几十年，只要不病，与圣祖、先帝算是朝夕相伴。午夜扪心，凭天良说话，私心里常也有圣祖宽、先帝严，一朝天子一朝臣这个想头。我为臣子的，尽忠尽职而已。对陛下的旨意，尽力往好处办，以为这就是贤能宰相。今儿个皇上这番宏论，从孔孟仁恕之道发端，譬讲三朝政治，虽然只是三个字'趋中庸'，却振聋发聩，令人心目一开。皇上圣学，真是到了登峰造极的地步。"其他人也都随声附和，乾隆大大满足了一把。张廷玉和李卫作为乾隆的臣下，都深知乾隆对自己的杂经和"宏论"引以为豪。而张李二人便投其所好，对其大加赞美，达到了取悦皇帝的目的。

没有人不会被真心诚意的赞赏所触动。

抓住他人最胜过于别人的，最引以为豪的东西，并将其放在突出的位置进行赞美，往往能起到超乎意料的效果。在这一点上，有一个很经典的实例。

在镇压太平天国起义的过程中，一次，曾国藩用完晚饭后与几位幕僚闲谈，评论当今英雄。他说："彭玉麟、李鸿章都是人才，为我所不及。我可自许者，只是生平不好谀耳。"一个幕僚说："各有所长：彭公威猛，人不敢欺；李公精敏，人不能欺。"说到这里，他说不下去了。曾国藩又问："你们以为我怎样？"众人皆低头沉思。忽然走出一个管抄写的后生过来插话道："曾师是仁德，人不忍欺。"众人听了齐拍手。曾国藩十分得意地说："不敢当，不敢当。"后生告退而去。曾氏问："此是何人？"幕僚告诉他："此人是扬州人。入过学，家贫，办事谨慎。"曾国藩听完后说："此人有大才，不可埋没。"不久，曾国藩升任两江总督，就派这位后生去扬州任盐运使。

他人最想要的赞美一定是真诚的，不是那种公式般的赞美，千篇一律，最让人反感。

"久仰大名，如雷贯耳，您的生意一定发财兴隆"，"小弟才疏学浅，一切请阁下多多指教"，这些缺乏感情的，完全是公式化的恭维语，若从谈话的艺术观点看来，非加以改正不可。而言之有物是说一切话所必备的条件，与其泛说久仰大名，如雷贯耳，不如说您上次主持的讨论会成绩之佳，真是出人意料等话，直接提及对方的著名工作。若恭维别人生意兴隆，不如赞美他推销产品的努力，或赞美他的商业手腕；泛泛地请人指教是不行的，你应该择其所长，集中某点请他指教，如此他一定高兴得多。恭维赞美的话一定要切合实际，到别人家里，与其乱捧一场，不如赞美房子布置得别出心裁，或欣赏壁上的一张好画，或惊叹一个盆栽的精巧。若要讨主人喜欢，你要注意投其所好，主人爱狗，你应该赞美他养的狗，主人养了许多金鱼，你应该谈那些鱼的美丽。赞美别人最近的工作成绩，最心爱的宠物，最费心血的设计，这比说上许多无谓的虚泛的客套话更佳。

　　有的时候并不是什么伟大举动才值得让人赞美，相反一些微乎其微的小事别人会期望得到你的肯定和称许。

　　如果某天早晨，你的丈夫偶然一次早起为你准备好了早餐，你不妨大大赞美他一番，那他今后起床做早餐的频率也许会更高。如果你的小孩，有一天非常小心地在家做好了晚饭等你回家，当你回到家中，不要吃惊孩子脸上的污渍，也不要惋惜已经摔碎的碗碟，先要将孩子赞美一番，即使孩子所炒的菜让人难以下咽。因为你的赞美可以让孩子所做的下顿或者是下下顿饭变成美味。在公司，如果某位职员，记述你口述的信件，速度比你想象的要快，不妨表扬她一下，今后她的工作就一定会更加卖力。

从一件小事上去赞美他人必须注重细节，不要对他人在细节上所花费的时间和心血视而不见，而要特别地对他人的这番煞费苦心表示肯定和感谢。因为对方所做的一些小事，既说明对方对你的偏爱，也说明他渴望得到肯定与赞扬。

恭维是赞美的孪生兄弟

人都是有弱点的，再谦虚，再不近人情，再标榜不喜欢听甜言蜜语的人，其实都喜欢别人恭维，只要恰如其分。

恭维之所以与赞美不同，是因为它带有一定的目的性，而且它能明显起到抬高对方的作用。然而恭维与赞美又有共同，就是二者都能让听者心里舒服，生活愉快，因此说他们是一对孪生兄弟。

恭维是一种必要且可行的社交手段。

清朝的李鸿章，位高权重，文武百官都想讨他欢心，以便使他多多提携自己。这一年，中堂大人的夫人要过五十大寿，这自然是个送礼的大好时机，寿辰未到，满朝文武早已开始行动了，生怕自己落在别人后面。

消息传到了合肥知县那里，知县也想送礼，这可是结攀中堂大人的绝好时机。无奈小小的一个知县囊中羞涩，礼送少了等于没送；送多了吧，又送不起，这下可把知县愁坏了。思来想去拿不定主意，于是请师爷前来商量。

师爷看透了知县的心思，满不在乎地说："这还不好办，交给我了。保准您一两银子也不花，而且送的礼品让李大人刮目相看。"

"是吗？快说送什么礼物？"知县大喜过望，笑成了一朵花。

"一副寿联即可。"

"寿联？这，能行吗？"

师爷看到知县还有疑虑，便安慰他：

"您尽管放心，此事包在我身上。包您从此飞黄腾达。这寿联由我来写，您亲自送去，请中堂大人过目，不能疏忽。"

知县满口答应。

于是第二天，知县带着师爷写好的对联上路了。他昼夜兼程赶到北京，等到祝寿这一日，知县报了姓名来到李鸿章面前，朝下一跪：

"卑职合肥知县，前来给夫人祝寿！"

李鸿章看都没看他一眼，随口命人给他沏茶看座，因为来他这里的都是朝廷重臣，区区一个七品知县，李鸿章哪能看在眼里。

知县连忙取出寿联，双手奉上。

李鸿章顺手接过，打开上联：

"三月庚辰之前五十大寿。"

李鸿章心想：这叫什么句子？天下谁人不知我夫人是二月的生

日，这"三月庚辰之前"岂不是废话。于是，李鸿章又打开了下联：

"两宫太后以下一品夫人。"

"两宫"指当时的慈安太后、慈禧太后，李鸿章见"两宫"字样，不敢怠慢，连忙跪了下来，命家人摆好香案，将此联挂在《麻姑上寿图》的两边。

这副对联深得李鸿章的赏识，自然对合肥知县另眼相待，称赞有加。而这位知县也因此官运亨通了。

要恭维别人，应有一种"战无不胜"的信心。人都是有弱点的，再谦虚，再不近人情，再标榜不喜欢听甜言蜜语的人，其实都喜欢别人恭维，只要恰如其分。

我们都有这种经历：当别人恭维自己时，尽管会做出一副谦虚的样子，但心里却由衷地感到高兴，同时也会对称赞自己的人有一种好感。所以要达到某种目的，不妨先恭维对方一番。

然而生活中一些人他们偏偏学不会或不屑去恭维他人。他们把恭维看成是"拍马屁"、"心怀不轨"，这些都是不必要的思想。恭维是一种有原则的社交手段。

要恭维他人，先要选好恭维的话题，不可过分夸张，更不能无中生有。对于青年客户，恭维他年轻有为、敢于开拓；对于中年客户，恭维他经验丰富、见多识广；对于知识分子，恭维他知识渊博、刻苦钻研；对于商人，恭维他头脑灵活、发财有道……这些都是恰如其分的，如果赞美一中年妇女活泼可爱、单纯善良可能就会不伦不类，弄不好还会招致臭骂。赞美你的领导发家有方、日进斗金，恐怕你升迁的希望就渺茫了。

恭维人的话不能过多，多了对方会不自在，觉得你是虚情假意，逢场作戏，因此而不信任你。恭维过多也不利于交谈，在谈话中频频夸对方"好聪明"、"好有能力"，对方频频表示客气，往往使谈话无法顺利进行。

留心对方的反应，当对方对你的恭维显得不自在或不耐烦时，就应当转换话题或适可而止了。

真诚是赞美的必要元素

真实的赞扬是拂面清风，凉爽怡人；虚假的赞扬让人烦腻不堪。

有一次一群朋友在一起聚会，吃饭的时候，大家交换名片，其中有一位来自报社，另一位试图对其进行称赞，一看是报社的，便稀里糊涂地说："哇，您是有名的大作家！"人家问："我怎么有名？"他说："我每次都看见你写的文章。"人家说："我的文章都在哪里？"他说："每次都是头版头条啊！"然后人家告诉他："真的吗？我是专门写讣告的。"讣告能在头版头条吗？显然是虚假的赞扬引起了别人的反感。但是这位先生仍然没有意识到自己的错误，看到旁边有一位小姐，聊了没几句，本来这位小姐长得很胖，他说："小姐，您真苗条！"小姐说："什么？说我苗条，我知道你是在骂我。"

不真诚的赞扬，给人一种虚情假意的印象，或者会被认为怀有某种不良目的，被赞扬者不但不感谢，反而会讨厌。言过其实的赞扬，不能实事求是，会使受赞扬者感到窘迫，也会降低赞扬者的水准。虚情假意的奉承对人对己都是有害而无利的。

赞扬他人是一种能力，是根据心理学和组织行为学研究出来的，这是职场上的一种能力，不等于溜须拍马，溜须拍马可以说虚假的，但赞扬必须是真诚的发自于内心的实话。有一句话是这样说的：真实的赞扬是拂面清风，凉爽怡人；虚假的赞扬让人烦腻不堪。

真诚的赞美和"拍马屁"最大的区别在于是否发自内心。真诚的赞美起源于内心深处的一种"美感"，一种冲动，它反映了一个人对另一个人的认可：外表漂亮、言谈合自己的口味、行动敏捷、品格高尚……即在两个人之中，其中一个人在另一个人身上发现了符合自己理想和价值标准的可贵之处。我们认识这个人、了解这个人的时候，已经有一种无形的力量促使自己要去赞美他的一些优点。

但是"拍马屁"却不同，它不是发自内心地对另一个人的认可和钦佩，而是基于内心世界早已存在的一种目的，一种对眼前或日后能够收到"回报"的投资。"拍马屁"者在"赞美"他人的时候，脸上虽眉飞色舞，但却有几分不自在；他的词语是火辣辣的，但他的内心却是一片冰冷。他在赞美一个人的时候，心里想着的只是如何顺利办完对自己利益攸关的事，如何获得自我满足。

因此，真诚成为了赞美与拍马屁的区分线，它是赞美的必要组成元素。

真诚的赞美应该是合乎时宜的，在合适的氛围里发出的赞美会让人内心明亮，灿烂无比。当别人感觉到你的赞美是由衷的，那赞美的话就很容易被接受。

大音乐家勃拉姆斯是个农民的儿子，生于汉堡的贫民窟，没有受教育的机会，更无从系统地学习音乐，所以，对自己未来能否在音乐事业上取得成功缺乏信心。然而，在他第一次敲开舒曼家大门的时候，他一生的命运就在这一刻决定了。当他取出他最早创作的一首 C 大调钢琴奏鸣曲草稿，手指无比灵巧地在琴键上滑动，弹完一曲站起来时，舒曼热情地张开双臂抱了他，兴奋地喊道："天才啊！年轻人，天才……"正是这发自内心的由衷赞美，使勃拉姆斯的自卑消失得无影无踪，也赋予了他从事音乐艺术生涯的坚定信心。在那以后，他便如同换了一个人，不断地把心底里的才智和激情流泻到五线谱上，成为了音乐史上一位卓越的艺术家。

正是这一句由衷的赞美，创造了一位音乐大师。

在合适的氛围里，发出由衷赞美，会有意想不到的效果。

由衷的赞美是源于心灵深处的，它是深刻而强烈的；要入木三分地表达出来，将是绝佳之语。

对于发自内心的由衷之感，尽量用准确、贴切、深刻、生动、完整的赞美语言去说出来。

出其不意的赞美让人喜出望外

赞美的新意很重要，但更需要我们综合各方面的因素来翻出恰当的"新"意，否则便会弄巧成拙、适得其反。

一些人在公共场合赞美别人时，自己想不出怎样赞美，只能跟着别人说重复的话，附和别人的赞美。常言道：别人嚼过的肉不香。朱温手下就有一批鹦鹉学舌拍马的人。

一次，朱温与众宾客在大柳树下小憩，独自说了句："柳树好大！"宾客为了讨好他，纷纷起来互相赞叹："柳树好大。"朱温听了觉得好笑，又道："柳树好大，可作车头。"实际上柳木是不能做车头的，但还是有五六个人互相赞叹："可作车头。"朱温对这些鹦鹉学舌的人烦透了，厉声说："柳树岂可作车头！"于是把说"可作车头"的人抓起来杀了。

在整日聚首的人际关系中，一家人之间或一个科室的同事之间，有些赞美很可能多次重复，已经形成某种公式和习惯了，这就没什么意义和作用，比如，某个处长每次开会总结工作的时候，都像例行公事一样对大家赞扬几句，其内容和说法总是笼统的那么几句话，就像是同一张唱片或同一盘录音带只是在不同的时间播放一样，让人感觉乏味。

赞美加一点新意，鼓励作用会更大。正如有人所说："一点新意，一片天空。"这样的话，赞美之术会更趋完美。

赞扬要有新意，当然要独具慧眼，善于发现一般人很少发现的"闪光点"和"兴趣点"，即使你一时还没有发现更新的东西，也可以在表达的角度上有所变化和创新。

对一位公司经理，你最好不要称赞他如何经营有方，因为这种话他听得多了，已经成了毫无新意的客套了；倘若你称赞他目光炯炯有神，潇洒大方，他反而会被感动。

赞美是所有声音中最甜蜜的一种，赞美应该给人一种美的感受。新颖的语言，是有魅力的，有吸引力的。简单的赞扬也可能是振奋人心的，但是一种本来是不错的赞扬如果多次单调重复，也会显得平淡无味，甚至令人厌烦。一个女人就曾说过，她对别人反复说她长得很漂亮，已经感到很厌烦，但是当有人告诉她，像她这样气质不凡的女人应该去演电影，她笑了。

几乎所有的女人，都是很质朴的，但仪态万方这一目标，却是她们孜孜以求的。这是她们最大的虚荣，并且常常希望别人赞美这一点。但是对那些有沉鱼落雁之容、闭月羞花之貌的倾国倾城的绝代佳人，就要避免对其容貌的过分赞誉，因为对于这一点她已有绝对的自信。你可以转而去称赞她的智慧、她的品格。

赞美的新意很重要，但更需要我们综合各方面的因素来翻出恰当的"新"意，否则便会弄巧成拙、适得其反。马克·吐温曾经说过："一句好的赞美能当我十天的口粮。"我们每天都让新鲜的赞美流淌入他人的生活中，那么彼此对生活的积极性就会增强。

第七章

开口就要当赢家，销售如何说顾客才会理

用共同话题摆出谈话的"引子"

"把话题拉得越近越好",这是推销成功的一大秘诀。为什么？推销通常是以商谈的方式来进行，但是如果有机会观察销售人员和客户在对话时的情形，就会发现这样的方式太过严肃了。这就需要用共同话题提出谈话的"引子"。

让人感兴趣的话题，往往使人滔滔不绝，陶醉其中，时间再长他们还是乐此不疲地谈下去，有时还可看出他们眼中闪烁的光芒，由此可知他们的投机程度以及爱好程度。这就是所谓为何总有人一拍即合、趣味相投、默契十足，一副相见恨晚的感觉，一聊话匣子就打开了，欲罢不能。而有些人怎么讲也是牛头不对马嘴，没什么共鸣，没什么好聊的，这就是因为谈话的"引子"不能吸引人的缘故。

对话之中如果没有趣味性、共通性是行不通的，而且通常都是由销售人员迎合客户。倘若客户对销售人员的话题没有一点点兴趣的话，彼此的对话就会变得索然无味。销售人员为了要和客户之间培养良好的人际关系，最好尽早找出共同的话题，在推销之前先收集有关的情报，尤其是在推销时，事前的准备工作一定要做得充分。

与客户找到共同话题的关键是在于客户感兴趣的东西，销售人员多多少少都要懂一些。要做到这一点必须靠长年的积累，而且必须通过不懈的努力来充实自己。

日本著名的推销专家原一平为了要应付各样的准客户，所以选定每星期六下午到图书馆苦读。他研修的范围极广，上至时事、文学、经济，下至家庭电器、烟斗制造、木屐修理，几乎无所不包。这样一来，当他去拜访客户时，就会很容易找到共同话题作为谈话的"引子"。

推销的过程中，为了有一个共同话题作为引子，我们应试着找出对方的价值观以及感兴趣的话题，若莽撞地提一些对方不认同的意见，必定会不成功的。

话题必须引起共鸣才有继续谈下去的可能性。例如，最近某家信用卡的广告前提是："××信用卡可以补偿另一半的心。"内容是这样的：用某信用卡购买礼物给另一半时，在意外情况下损坏可以要求信用卡中心赔偿。这是一个很好的前提，大家对这个赔偿条约很满意，感觉有保障，自然就会去询问相关事宜。换句话说，如果这个前提无法吸引某些人，他们可能就不会去关心这个问题了。

保险人员切勿在电话开发客户的当头，一开口就要求其参加保险，而要在拜访前先用电话沟通，敏锐地了解对方所感兴趣的话题是什么，先切入为主，让对方觉得你不是一般市侩的拉保险的人，而是感觉"投保与否你不在乎"、"你和他真是千载难逢的知己"，话非常投机，交个朋友比投保重要多了。先谈一些吸引他的话题，做朋友之后，找个时间拜访，再慢慢聊，然后切入主题——拉保险。

当你通过"引子"把话题拉到你所要推销的商品上来时，如果客户承认他们的确缺少这种商品时，你完全可以借题发挥，促使他与你达成交易。这样一个开头，至少可以为自己赢得一次商谈的机会，避免客户一句"不要"就把你挡在门外。

把话说到点子上，刺激客户的购买欲

销售人员："先生，中学是最需要开发智力的时候，而我们公司开发的游戏软盘对您孩子的智力提高一定有很大的帮助。"

客户："我们不需要什么游戏软盘。孩子都上中学了，哪敢让他玩游戏呢？"

销售人员："这个游戏卡是专门针对中学生设计的益智游戏，它把游戏与数学、英语结合在一块儿，绝不是一般的游戏软盘。"

客户："游戏与学习结合在一起？"

销售人员："对，现在是知识爆炸的时代，不再像我们以前那样只是从书本上学知识了。您不要以为玩游戏会影响学习，以为这个游戏软盘是害孩子的，游戏软盘设计得好也可以成为孩子学习的重要工具。"

客户："想法倒不错。"

销售人员："现在的孩子真幸福，一生下来就处在一个开放的环境中。家长们为了孩子的全面发展，往往投入了很大的精力。刚才有好几位家长都订购了这种游戏卡，家长们都很高兴能有这种既能激发孩子学习兴趣，又使家长不再为孩子玩游戏而烦恼的产品，还希望以后有更多的系列产品呢！"

客户："多少钱一个呀？"

出色的口才不仅要求口齿伶俐、思维敏捷，还要求语言要有逻辑性，把话说到点子上。对于推销员来说，良好的口才是说服客户的利器，是把握主动权的保证。

案例中，当客户认为玩游戏会影响孩子的学习时，推销员把自己的游戏软盘与中学生的智力开发问题联系起来，并且把游戏软盘定位于帮助孩子学习的重要工具。我们知道，家长非常重视孩子的学习和智力开发，推销员这样说就说到点子上了，说到客户心里去了。果然，客户被打动了，交易做成了。

在这个案例中，推销员充分发挥了自己形象思维的优势，巧妙地运用了口才艺术，一步一步、循循善诱，吸引了客户的注意力，激发了客户的购买欲。可见，推销员要取得很好的销售业绩，就必须摸透客户的心理，做到把话说到点子上。

天下客户都一样，四大效应让你轻松赢得客户好感

作为销售人员，我们总会遇到各种各样的客户，最大的问题就是如何让客户接受我们并愿意与我们进一步接触。

一、移情效应

"爱人者，兼其屋上之乌"，心理学中把这种对特定对象的情感迁移到与其相关的人、事、物上来的现象称为"移情效应"。

移情效应表现为人、物和事情上，即以人为情感对象而迁移到相关事物的效应或以物、事为情感对象而迁移到相关人的效应。据说蹴鞠（足球）是高俅发明的，他的球踢得好，皇帝从喜爱足球到喜爱高俅，于是最后高俅成了皇帝的宠臣。而生活中的"以舞会友"、"以文会友"等很多活动都是通过共同的爱好而使不相识的人建立了友谊，这些都是移情效应的表现。

销售人员在与客户打交道的过程中，这种移情效应的巧妙应用会大大增加交易成功的概率。

拉堤埃是欧洲空中汽车公司的推销员，他想打开印度市场，但当他打电话给拥有决策权的拉尔将军时，对方的反应却十分冷淡，根本不愿意会面。经过拉堤埃的强烈要求，拉尔将军才不得不答应给他 10 分钟的时间。

会面刚开始，拉堤埃便告诉拉尔将军，他出生在印度。拉堤

埃又提起自己小时候印度人对自己的照顾，和自己对印度的热爱，使拉尔将军对他生出好感。之后，拉堤埃拿出了一张颜色已经泛黄的合影照片，恭敬地拿给将军看。那是他小时候偶然与甘地的一张合影。于是，拉尔将军对印度和甘地的深厚感情，便自然地转到了拉堤埃身上。毫无疑问，最后生意也成交了。

移情效应是一种心理定式。正所谓"七情六欲"是人的本性，所以人和人之间最容易产生情感方面的好恶，并由此产生移情效应。洞悉人性，把握人性，要迈出销售第一步，就应该像拉堤埃一样懂得这一点。

二、喜好原理

人们总是愿意答应自己认识和喜欢的人提出的要求。而与自己有着相似点的人、让我们产生愉悦感的人，通常会是我们喜欢的人。这就是喜好原理。

不怕客户有原则，就怕客户没爱好。销售员可以从下面 5 个方面发觉自己对别人与客户的相似度。

1. 打造迷人的外表吸引力。一个人的仪表、谈吐和举止，在很大程度上决定了其在对方心目中是否能受到欢迎。

2. 迅速寻找彼此的相似性。物以类聚，有着相同兴趣、爱好、观点、个性、背景，甚至穿着的人们，更容易产生亲近感。

3. 想办法与目标对象接触。人们总是对接触过的事物更有好感，而对熟悉的东西更是有着特别的偏爱。

4. 制造与美好事物的关联。如果我们与好的或是坏的事情联系在一起，会影响到我们在旁人心中的形象。

5.毫不吝惜你的赞美之词。发自内心的称赞，更会激发人们的热情和自信。

喜好原理的关键是获得他人的好感，进一步建立友谊。在中国，将喜好原理用得炉火纯青的就是保险公司了。他们还总结提炼了"五同"，即同学、同乡、同事、同窗以及同姓。总之，只要可以联系上的都可以展开销售的动作，因为这有利于建立关系，达成交易。

三、自己人效应

19世纪末欧洲最杰出的艺术家之一的温森特·凡·高，曾在博里纳日做过一段时间的牧师。那是个产煤的矿区，几乎所有的男人都下矿井。他们工作危险，收入微薄。凡·高被临时任命为该地的福音传教士，他找了峡谷最下头的一所大房子，和村民一起在房子里用煤渣烧起了炉子，以免房子里太寒冷。之后，凡·高开始布道。渐渐的，博里纳日人脸上的忧郁神情渐渐消退了，他的布道受到了人们的普遍欢迎。作为上帝的牧师，他似乎已经得到了这些满脸煤黑的人们的充分认可。

可是为什么呢？凡·高百思不得其解。突然脑海中突然闪过一个念头，他跑到镜子前，看见自己前额的皱纹里、眼皮上、面颊两边和圆圆的大下巴上，都沾着万千石山上的黑煤灰。"当然！"他大声说，"我找到了他们对我认可的原因，因为我终于成了他们的自己人了！"

一个人，一旦认为对方是"自己人"，则从内心更加接受，不自觉地会对其另眼相待。

在生活中，"自己人效应"很是普遍。一个很简单的例子：本专业的教师向大学生介绍一种工作和学习的方法，学生比较容易接受和掌握；若其他专业的教师向他们介绍这些方法，学生就不容易接受。

销售员要想得到客户的信任，想办法让对方把自己视为"自己人"，这无疑是一条捷径。

四、兴趣效应

人与人在交往的过程中，常常会出现"惺惺相惜"的情况，社会心理学认为，共同的兴趣是"相见恨晚"的重要因素。

高珊是一名自然食品公司的推销员。一天，高珊还是一如往常，登门拜访客户。当她把芦荟精的功能、效用告诉客户后，对方表示没有多大兴趣。当她准备向对方告辞时，突然看到阳台上摆着一盆美丽的盆栽，上面种着紫色的植物。于是，高珊好奇地请教对方说："好漂亮的盆栽啊！平常似乎很少见到。"

"确实很罕见。这种植物叫嘉德里亚，属于兰花的一种，它的美，在于那种优雅的风情。"

"的确如此。一定很贵吧？"

"当然了，这盆盆栽要800元呢！"

高珊心里想："芦荟精也是800元，大概有希望成交。"于是她开始有意识地把话题转入重点。

这位家庭主妇觉得高珊真是有心人，于是开始倾其所知传授所有关于兰花的学问。等客户谈得差不多了，高珊趁机推销产品："太太，您这么喜欢兰花，一定对植物很有研究。我们的自然食品正是从植物里提取的精华，是纯粹的绿色食品。太太，今天就当做买一盆兰花，把自然食品买下来吧！"

结果这位太太竟爽快地答应了。她一边打开钱包，一边还说："即使我丈夫，也不愿听我絮絮叨叨讲这么多，而你却愿意听我说，甚至能够理解我这番话，希望改天再来听我谈兰花，好吗？"

客户的兴趣是销售员成功实现销售的重要的突破口。志趣相投的人是很容易熟识并建立起融洽的关系的。如果销售员能够主动去迎合客户的兴趣，谈论一些客户喜欢的事情或人物，把客户吸引过来，当客户对你产生好感的时候，购买你的商品也就是水到渠成的事情了。

切中客户追求的自我重要感

小张和小孟是同一家公司的销售员，两人销售同一种产品，而且恰巧同时面对一个客户销售。小张销售时一直很专业地介绍自己的产品，却无法被客户喜欢和接受；而小孟大部分时间在与客户闲聊，并不时向客户请教一些问题，适当地表示感谢，对产品的介绍仅仅是一带而过，结果是小孟当场成交。为什么会这样？

这就是自我重要感。客户真正需要的并不仅仅是商品本身，更重要的是一种满足感。

为什么小张不被客户欢迎？是因为他一直在滔滔不绝地介绍自己的产品，而忽略了对客户起码的尊重和感谢。而小孟始终对客户恭敬有礼，不时的请教和感谢让客户受到了足够的重视，给客户一种自己很重要的感觉，从而使客户被重视的心理得以满足，于是很自然地从情感上对小孟也表示了认同，促成了这笔交易。

客户选择购买的原因，从心理学的角度分析，是希望通过购买商品和服务而得到解决问题的方案及获得一种愉快的感觉，从而获得心理上的满足。所以，可以这样说，客户真正需要的除了商品，更是一种心理满足，心理满足才是客户选择购买的真正原因。

劳尔是铁管和暖气材料的推销商，多年来，他一直想和某地一位业务范围极大、信誉也特别好的铁管批发商做生意。

但是由于那位批发商是一位特别自负、喜欢使别人发窘的人，他以无情、刻薄为荣，所以，劳尔吃了不少苦头。每次劳尔出现在他办公室门前时，他就吼叫："不要浪费我的时间，我今天什么也不要，走开！"

面对这种情形，劳尔想，我必须改变策略。当时劳尔的公司正计划在一个城市开一家新公司，而那位铁管批发商对那个地方特别熟悉，在那地方做了很多生意。于是，劳尔稍加思考，又一次去拜访那位批发商，他说："先生，我今天不是来推销东西，是来请您帮忙的，不知您有没有时间和我谈一谈？"

"嗯……好吧，什么事？快点说。"

"我们公司想在××地开一家新公司，而您对那地方特别了解，因此，我来请您帮忙指点一下，您能赏脸指教一下吗？"

闻听此言，那批发商的态度与以前简直判若两人，他拉过一把椅子给劳尔，请他坐下。在接下来的一个多小时里，他向劳尔详细地介绍了那个地方的特点。他不但赞成劳尔的公司在那里办新公司，还着重向他说了关于储备材料等方面的方案。他还告诉劳尔他们的公司应如何开展业务。最后扩展到私人方面，他变得特别友善，并把自己家中的困难和夫妻之间的不和也向劳尔诉说了一番。

最后，当劳尔告辞的时候，不但口袋里装了一大笔初步的装备订单，而且两人之间还建立了友谊，以后两人还经常一块去打高尔夫球。

心理学家弗洛伊德说，每一个人都有想成为伟人的欲望，这是推动人们不断努力做事的原始动力之一。因为渴求别人的重视，是人类的一种本能和欲望。渴望被人重视，这是一种很普遍的、人人都有的心理需求，我们每个人都在努力往高处爬，希望得到更高的利益和地位，希望得到别人的尊重和喜欢。没有一个人愿意默默无闻，不为人知。

重要感更存在于消费者的消费心理中，特别是在生存性消费需要得到满足之后，客户更加希望能够通过自己的消费得到社会的承认和重视。敏锐的销售员已经意识到，顾客的这种心理需求正好给销售员推销自己的商品提供了一个很好的突破口，销售员可以通过刺激客户的自我重要感来促成客户的购买决定。

　　与寻求重要感相对的，是害怕被人轻视的心理。销售员要仔细观察，适当地通过反面刺激，也会达到欲扬先抑的效果。所以在销售过程中，销售员适度地说一些反面的话来刺激客户的自尊心，从而引发他的自我重要感，可能会促使客户一狠心买下更贵的产品以显示自己的不容小视。

　　真诚地尊重客户，给他们重要感，是打开对方心门的金钥匙。销售员要永远都让客户感受到自己的重要，多给客户一些关心和理解，对客户的尊重和付出，会得到客户同样甚至更多的回报。

从客户感兴趣的话题入手建立关联度

　　向陌生客户电话推销产品时，如果直接说明来意，客户很可能当场拒绝。如何找一个合适的借口并顺理成章地迎合潜在客户的心理，是推销成功的关键。当我们打电话给有防范心理的陌生客户时，应该抓住潜在客户感兴趣的话题建立关联度，赢得客户的理解和尊重。

　　[案例一]

　　销售人员："先生您好，这里是国际知名IT品牌××个人终端服务中心，我们在搞一个调研活动，您可以回答两个问题吗？"

客户："您讲。"

销售人员："您使用电脑的时间长吗？"

客户："是的，用了好几年了。"

销售人员："您用的是什么电脑？"

客户："台式机和笔记本电脑都用。"

销售人员："我们的笔记本电脑最近在搞促销活动，您是否有兴趣？"

客户："您不是搞调研，而是在促销笔记本电脑吧？"

销售人员："是的，但又不完全是。"

客户："对不起，我现在的笔记本用得很好，还没有购买的必要。"

销售人员："可是这次机会很难得，您可以再考虑……"

［案例二］

销售人员："先生您好，我是国际知名 IT 品牌 ×× 个人终端服务中心的，您一定奇怪我是怎么知道您的电话的吧？"

客户："您有什么事情？"

销售人员："我们的数据库中有您的记录，您对电脑笔记本特别有研究，而且不是一般的研究。"

客户："您到底有什么事情？"

销售人员："这个电话就是想征求您的意见，如果对现在使用的笔记本电脑有不是特别满意的地方，就告诉我们，我们会支付您报酬，因为我们特别需要像您这样的笔记本电脑方面的专家帮助我们改进产品性能。"

客户："噢，这样呀。您是谁？"

销售人员："我是××的王丽娜，您肯定没有太多的时间来写，您可以三言两语随便说一下，我记录，然后就可以参加评比了。您如果现在没有时间，我们换一个时间也行，您看呢？"

电话销售经常需要面对陌生人，让陌生人能够继续听销售人员讲话的诀窍不是推销产品的话多么流利，也不是口气多么甜美。对于一个接到陌生的推销电话的人来说，防范以及敌意是第一位的，因此对于销售人员来说关键就是赢得信任。[案例一]的销售员一味地按照自己的思路讲话，其实说到第二句时客户就已经知道是推销电话了，这就容易引起客户的反感，使其迅速挂断电话。[案例二]的销售员则紧紧抓住潜在客户感兴趣的话题建立关联度，使话题向对销售人员有利的方向平滑过渡，从而赢得客户的理解和尊重。也只有这样，才可能推销成功。

放出稀缺光，直击客户担心错过的心理

"物以稀为贵，情因老更慈。"这是出自唐代著名诗人白居易的《小岁日喜谈氏外孙女孩满月》一诗中的名句，描写了一位老人初抱外孙女的喜悦之情，诗中还写到"怀中有可抱，何必是男儿"，也就是说自己在离世之前能抱上外孙，管他是男孩还是女孩，有总比没有强。而物以稀为贵也是心理学中一个非常重要的原理，即稀缺原理。

制造短缺甚至是稀缺的假象，可以极大影响他人的行为。

稀缺产生价值，这也是黄金与普通金属价格有着天壤之别的原因。当一样东西非常稀少或开始变得稀少的时候，它就会变得更有价值。简单地说就是"机会越少，价值就越高"。

从心理学的角度看，这反映了人们的一种深层的心理，因为稀缺，所以害怕失去，"可能会失去"的想法在人们的决策过程中发挥着重要的作用。经心理学家研究发现，在人们的心目中，害怕失去某种东西的想法对人们的激励作用通常比希望得到同等价值的东西的想法作用更大。这也是稀缺原理能够发挥作用的原因所在。

而在商业与销售方面，人们的这种心理表现尤为明显。例如商家总是会隔三差五地搞一些促销活动，打出"全场产品一律五折，仅售三天"、"于本店消费的前 30 名客户享受买一送一"等诱惑标语，其直接结果是很多消费者听到这样的消息都会争先恐后地跑去抢购。为什么？因为在消费者心中，"机不可失，失不再来"对他们的心理刺激是最大的，商家利用的就是客户的这种担心错过的心理来吸引客户前来购买和消费。

夏季过去了大半，而某商场的仓库里却还积压着大量衬衫，如此下去，该季度的销售计划将无法完成，商场甚至会出现亏损。商场经理布拉斯心急如焚，他思虑良久，终于想出了一条对策，立即拟写了一则广告，并吩咐售货员道："未经我点头认可，不管是谁都只许买一件！"

不到5分钟，便有一个顾客无奈地走进经理办公室："我想买衬衫，我家里人口很多。"

"哦，这样啊，这的确是个问题。"布拉斯眉头紧锁，沉吟半晌，过了好一会儿才像终于下定决心似的问顾客："您家里有多少人？您又准备买几件？"

"5个人，我想每人买一件。"

"那我看这样吧，我先给您3件，过两天假如公司再进货的话，您再来买另外两件，您看怎样？"

顾客不由得喜出望外，连声道谢。这位顾客刚一出门，另一位男顾客便怒气冲冲地闯进办公室大声嚷道："你们凭什么要限量出售衬衫？"

"根据市场的需求状况和我们公司的实际情况。"布拉斯毫无表情地回答着，"不过，假如您确实需要，我可以破例多给您两件。"

服装限量销售的消息不胫而走，不少人慌忙赶来抢购，以至于商场门口竟然排起了长队，要靠警察来维持秩序。傍晚，所有积压的衬衫被抢购一空，该季的销售任务超额完成。

物以稀为贵，东西越少越珍贵。在消费过程中，客户往往会因为商品的机会变少、数量变少，而争先恐后地去购买，害怕以后再买不到。销售员要牢牢把握客户的这一心理，适当地对客户进行一些小小的刺激，以激发客户的购买欲望，使销售目标得以实现。

有一个客户走了很多商店都没有买到他需要的一个配件，当他略带疲惫又满怀希望地走进一家商店询问的时候，销售员否定的回答让他失望极了。销售员看出了客户急切的购买欲望，于是对客户说："或许在仓库或者其他地方还有这种没有卖掉的零部件，我可以帮您找找。但是它的价格可能会高一些，如果找到，您会按这个价格买下来吗？"客户连忙点头答应。

在销售活动中，稀缺原理无处不在，关键是如何应用才会达到销售目的甚至超出销售目标。最好的销售员无疑也是最能够把握客户心理的。

"独家销售"——别的地方没得卖，可供选择的余地小。

"订购数量有限"——获得商品的机会稀缺，极有可能会买不到。

"仅售三天"——时间有限，一旦错过就不再有机会。

也就是说，销售人员设置的期限越彻底，其产品短缺的效果也就越明显，而引起的人们想要拥有的欲望也就越强烈。这在销售员进行产品销售的过程中是很有成效的。这些限制条件向客户传达的信息就是：除非现在就购买，否则要支付更多的成本，甚至根本就买不到。这无疑给客户施加了高压，使其在购买选择中被稀缺心理俘虏。

触动客户的心弦，先做朋友后做生意

吉姆是一位非常忙碌而且非常反感推销员的油桶制造商、一天，保险推销员威廉带着朋友的介绍卡，来到了吉姆的办公室。

"吉姆先生，您早！我是人寿保险公司的威廉。我想您大概认识皮尔先生吧！"

威廉一边说话，一边递上自己的名片和皮尔的亲笔介绍卡。

吉姆看了看介绍卡和名片，丢在桌子上，以不甚友好的口气对威廉说："又是一位保险推销员！"

吉姆不等威廉说话，便不耐烦地继续说：

"你是我今天所见到的第 3 位推销员，你看到我桌子上堆了多少文件了吗？要是我整天坐这里听你们推销员吹牛，什么事情也别想办了，所以我求你帮帮忙，不要再做无谓的推销啦，我实在没有时间跟你谈什么保险！"

威廉不慌不忙地说：

"您放心，我只占用您一会儿的时间就走，我来这里只是希望认识您，如果可能的话，想跟您约个时间明天碰个面，再过一两天也可以，您看早上还是下午好呢？我们的见面大约 20 分钟就够了。"

吉姆很不客气地说：

"我再告诉你一次，我没有时间接见你们这些推销员！"

威廉并没有告辞，也没有说什么。他知道，要和吉姆继续谈下去，必须得想想办法才行。于是他弯下腰很有兴趣地观看摆在吉姆办公室地板上的一些产品，然后问道：

"吉姆先生，这都是贵公司的产品吗？"

"不错。"吉姆冷冰冰地说。

威廉又看了一会儿，问道："吉姆先生，您在这个行业干了有多长时间啦？"

"哦……大概有 × 年了！"吉姆的态度有所缓和。

威廉接着又问："您当初是怎么进入这一行的呢？"

吉姆放下手中的公事，靠着椅子靠背，脸上开始露出不那么严肃的表情，对威廉说："说来话长了，我 17 岁时就进了约翰·杜维公司，那时真是为他们卖命似的工作了 10 年，可是到头来只不过混到一个部门主管，还得看别人的脸色行事，所以我下了狠心，想办法自己创业。"

威廉又问道："请问您是宾州人吗？"

吉姆这时已完全没有生气和不耐烦了，他告诉威廉自己并不是宾州人，而是一个瑞士人。听说是一个外国移民，威廉吃惊地问吉姆："那真是更不简单了，我猜想您很小就移民来到美国了，是吗？"

这时的吉姆脸上竟出现了笑容，自豪地对威廉说："我 14 岁就离开瑞士，先在德国待了一段时间，然后决定到新大陆来打天下。"

"真是一个精彩的传奇故事，我猜您要建立这么大的一座工厂，当初一定筹措了不少资本吧？"

吉姆微笑着继续说："资本？哪里来的资本！我当初开创事业的时候，口袋里只有300美元，但是令人高兴的是，这个公司目前已整整有30万美元的资本了。"

威廉又看了看地上的产品道："我想，要做这种油桶，一定要靠特别的技术，要是能看看工厂里的生产过程一定很有趣。您能否带我看一下您的工厂呢？"

"没问题。"

吉姆此时再也不提他是如何如何的忙，他一手搭在威廉的肩上，兴致勃勃地带着他参观了他的油桶生产工厂。

威廉用热诚和特殊的谈话方式，化解了这个讨厌推销员的瑞士人的冷漠和拒绝。可以想象等他们参观完工厂以后，吉姆再也不会拒绝和这位推销员谈话了，只要谈话一开始，威廉就已经成功了一半。

事实上，他们在第一次见面之后，就成了一对好朋友。自那以后的16年里，威廉陆续向吉姆和他的6个儿子卖了19份保单。此外，威廉还跟这家公司的其他人员也建立起了非常好的友谊，从而扩大了他的推销范围。

在推销过程中，遇到客户的拒绝在所难免，这时候，推销员要能发挥自己卓越的沟通能力，尽力地鼓励和关心客户，使客户感到一种温馨，化解客户的"反推销"心理，进而把你当成知心朋友，这对你的推销工作会起到积极的作用，同时这也是关系营销建立的一种方式。这个案例就是一个典型的与客户先做朋友后做生意的实战案例。

保险推销员威廉带着朋友的介绍卡去拜访客户，但仍然被客户毫不客气地拒绝了。熟人介绍也是一种作用于客户右脑的策略，但对态度强硬的客户没有发挥作用。对一般推销员来说，在顾客毫不客气地拒绝之后，很可能就失望地告辞了，但威廉却没有，接下来，他充分发挥了自己左右脑的实力。

"吉姆先生，这都是贵公司的产品吗？""您在这个行业干了有多长时间啦？""您当初是怎么进入这一行的呢？"这一系列感性的提问，让谈话从客户自己的职业开始，这是打开客户话匣子的万能钥匙，因为所有的成功人士都会对自己当初的选择和使他成功的一些事沾沾自喜，当你把话题转到这里，而他又不是正在火头上的话，一定会告诉你他的发家史，话题由此逐步打开，客户开始时的思维也会由左脑的理性转移到右脑的感性。

果然，威廉的右脑策略成功了，在接下来的交谈中，威廉利用自己出色的沟通能力和右脑的逻辑思维能力，把客户的思维始终控制在右脑的使用上，最终不但与客户成了好朋友，还获得了更多保单。

可见，与潜在客户做朋友是开拓客户的一种有效途径，当在推销时遇到类似客户时，我们不妨运用左右脑销售博弈的智慧与他先成为朋友，然后生意自然也就成了。

透露价值的冰山一角，激发客户的好奇心

不少销售人员花费大量的时间来满足客户的好奇心，却很少想过要努力激起客户的好奇心。他们的看法是自己的价值存在于自己为客户所提供的信息，所以就四处拜访，不厌其烦地向客户反复陈述自己的公司和产品的特征以及能给客户带来的利益。

这些销售人员忽略了引起客户好奇心的一个重要方式就是显露产品价值的冰山一角。因为在客户面前晃来晃去的价值就像诱饵一样，他们很想获得更多信息。如果客户开口询问，你就达到了主要目的：成功引起客户好奇，使客户主动邀请你进一步讨论他们的需求和你所能提供的解决方案。这种技术实际上就是利用刺激性的问题提供部分信息让客户看到产品价值的冰山一角。

例如：

推销员："喂，您好，请问李总在吗？"

客户："我就是。"

推销员："李总，我是致远公司的小刘，您最近来信询问 AH 型产品，我很高兴能为您介绍我们的产品，以及对您的公司将有何帮助。请问您现在方便谈话吗？"

客户："可以，你就说吧。"

推销员："李总，能否先请您告诉我，现在贵公司 AD 型产品

情形如何，还有您为什么想要了解我们的产品？"

客户："我们让员工自己操作 AD 型机器，老是搞得一团糟，许多机器都损坏了。所以我想了解一下 AH 型产品的厂商……"

推销员："李总，我们绝对可以让贵公司所有员工都感到满意，而且提供安装维修服务。不过，我可不可以提个建议？"

客户："当然。"

推销员："如果您方便的话，我亲自去拜访，跟您详细解说。您可以对我们公司和我们的产品有更清楚的了解，这在电话里不容易说清楚。您觉得这样如何？如果可以的话，我等一下就过去拜访，或是明天，看您什么时候方便呢？"

客户："我看明天下午 3 点好了。"

推销员以提出建议的方式透露出产品价值的冰山一角，并以此激发客户的好奇心，吸引客户的注意力，让客户感到这一建议有助于改变现在的糟糕状态。说到这些，推销员也因此获得了进一步沟通和了解的机会。

完美沟通 =99% 情商 +1% 内容。